Nationalökonom*olog*ie

herausgegeben von

Orestes V. Trebeis

6., weiter erweiterte Auflage

J.C.B. Mohr (Paul Siebeck) Tübingen

Die Deutsche Bibliothek – CIP-Einheitsaufnahme

Nationalökonom*ologie* / hrsg. von Orestes V. Trebeis. [Übers.
aus dem Engl. von Arnulf Krais]. – 6., weiter erw. Aufl. –
Tübingen : Mohr, 1991
    ISBN 3-16-145748-X
NE: Trebeis, Orestes V. [Hrsg.]

1. Auflage 1979
2. Auflage 1982 (stark durchgesehen und wenig verbessert)
3. Auflage 1983 (unwesentlich durchgesehen)
4. Auflage 1986 (kräftig fußnotenerweitert und bibliographisch
          angereichert)
5. Auflage 1988 (füllig umgearbeitet)
6. Auflage 1991 (weiter erweitert)

Übersetzungen aus dem Englischen von Arnulf Krais.

Inhalt

III. Ethnologische Studien

IV. Öko-Poesie

V. Neuere Entwicklung in der Ökonomischen Theorie

VI. Dogmengeschichte

VII. Politökonomik

VII. Ökonometrisches

IX. Märchen und Balladen

Ein Wort zuvor

Es gibt Leute, die glauben, alles wäre
vernünftig, was man mit einem ernsthaften Gesicht tut.   LICHTENBERG*

Die Nationalökonomie, oder wie es heute heißt, -mik,
ist für viele so dürr und trocken wie eine kahle Cholla
in der Wüste von Kakutania, ausgedörrt auf das karge
Gerippe mathematischer Formeln und ohne einen
Schuß Humor. Bereits in ihren Kinderjahren begannen
die Ökonomen mit sauertöpfischer Miene und den Prognosen von Malthus und Mill als "dismal science", als
Wissenschaft der Trübsinnigkeit, und in langen Wellen
versprechen sie in Neuauflagen von Grusicals franken-
steinscher oder transsylvanischer Dimension das Ende
der Welt, den stationären Zustand und höchst selten
das Goldene Zeitalter. Der homo oeconomicus, mit
einer n-dimensionalen Budgetgeraden im Kopf, immer
den Vektor aller möglichen Preise abtastend, die Ter-
minmärkte beäugend und auf Arbitrage dräuend, mit
einer Latte von Restriktionen vor Augen, die erwarteten Renditen immer wieder neu kalkulierend; dieser
homo oeconomicus hat für den Humor wohl keine
Zeit.

---

* GEORG CHRISTOPH LICHTENBERG, *Aphorismen*. In einer Auswahl
herausgegeben und mit einem Nachwort versehen von K. Batt, Insel-
Taschenbuch, 1977, S. 101.

I.

Andere Disziplinen scheinen der Schnurrpfeiferei etwas näher zu stehen. Juristen pflegen ihre Lehrveranstaltungen mit einprägsamen Fällen zu würzen und lassen schillernde Figuren wie Josefine Tram[1], Mütterchen Müh[2], den Bullen Wilhelm[2] oder den Hilfsarbeiter Brause [2], der zwischenzeitlich auch mal Professor wird und dabei einen Unfall im Chemielabor verursacht (Wie ist die Rechtslage?) oder fünf uneheliche Kinder hat, in mehr oder weniger verzwickten Situationen durch die Paragraphenlandschaft wandeln, obwohl doch die Materie ernst ist und oft den Menschen in seiner existentiellen Situation erfaßt. Erinnert sei nur an den Zusammenstoß des Automobils, eines kostbaren Botelini-Nine, des Herrn Haddock auf einer zeitweise von der Themse überschwemmten Landstraße mit dem Paddelboot des Herrn Rumpelheimer und der interessanten Frage: Seerecht versus Landrecht[3]. Oder an den Fall, wo (besagter?) Haddock für seine Steuerschuld von 57 Pfund eine Kuh als Scheckformular einsetzt und diese Kuh in das Zimmer des Steuereintreibers führt[4]. Rechtsphilosophische Grundsatzfragen werden in der zwischen Lust und Leistung schwankenden Gedächtnisschrift für Friedrich G. Nagelmann angesprochen[5].

---

[1] Kenner wissen Bescheid.

[2] Vgl. Fußnote 1.

[3] A.P. HERBERT, *Rechtsfälle – Linksfälle*. Juristische Phantasien, Göttingen 1969, S. 69f.

[4] Ebenda, S. 63.

[5] D.C. UMBACH et al., Das wahre Verfassungsrecht. Zwischen Lust und Leistung, Baden-Baden 1984.

Biologen haben mit der Beschreibung des Rhinogradentia[6] von den Heieiei-Inseln ein süffisantes Dokument ihrer Ironie geliefert, in dem die bereits von Christian Morgenstern in die Literatur eingeführten Nasobeme definiert, klassifiziert, kodifiziert, dekliniert, lokalisiert und typisiert werden (vgl. z.B. Nasobema lyricum). Auch der Bericht vom Wolpertinger[7] oder Kreißl, der sogar die Haupt- und Grannenhaare[8] empirisch belegt und damit für sich in Anspruch nehmen kann, zum Bereich der Realwissenschaft zu zählen, ist ein aufschlußreiches Dokument des Biologenlateins.

Die soziologisch-psychologisch-wissenschaftstheoretische Ecke wartet mit einer Festschrift für Ernst August Dölle[9] auf, in der das PÄPA-Prinzip, die Theorie des binauralen Hörens (semper audi ambobus auribus!) und der PLOP (Pflegeverein linguistischer Ordnungsparameter) entwickelt und im Detail vorgestellt werden. Buchbesprechungen[10] weisen im übrigen die Relevanz der Dölleschen Ideen nach. In einem fußnotenreichen Essay analysieren Sozialpsychologen Vampire und Großnager[11].

---

[6] H. STÜMPKE, *Bau und Leben der Rhinogradentia*. Stuttgart 1975, 1985, 2. Aufl. Vgl. auch das *Journal of Irreproducable Results*.

[7] P. KIREIN, *Der Wolpertinger lebt*. München 1968.

[8] Ebenda, S. 38.

[9] Th. W. HERRMANN (Hrsg.), *Dichotomie und Duplizität*. Grundfragen psychologischer Erkenntnis, Bern u.a. 1974.

[10] M. IRLE, „Ernst August Dölle, ein wirklicher deutscher Psychologe", *Psychologie Heute*. 2. Jg. Heft 2, Februar 1975; M.R. LEPSIUS, Dichotomie und Duplizität, *Zeitschrift für Sozialpsychologie*, 6 (1975), 179–183.

[11] H.D. SCHMIDT, Auf dem Wege zu einer sozialen Psychophysiologie des akuten Vampirismus, *Bielefelder Arbeiten zur Sozialpsychologie*, Nr. 13, Bielefeld 1976.

Auch Ethnologen, vielleicht dem täglichen Leben etwas mehr verpflichtet als der Ökonom, haben mit der sehr detaillierten Studie von den Heinzelmännchen[12] über Herkunft, Leben, Wirken und Ökonomie eines Volkes ausführlich berichtet. Der Lebenszyklus eines Heinzelmannes (sowie der Heinzelfrau) wird bis ins einzelne behandelt, es finden sich interessante Hinweise auf die Logistik, die Ökonomie des Wohnens, die handwerklichen Aspekte und die natürlichen Ressourcen. Aus dogmenhistorischer Sicht handelt es sich um eine Analyse der historischen Schule, die mittlerweile in deutschen Landen in Vergessenheit zu geraten droht, mit einem Schuß Hermeneutik. Politologen[13] berichten über „Echte Alternativen", „Eindrucksvolle Mandate" und andere Fabeln.

Naturwissenschaftler warten mit einem „Random Walk in Science"[14] auf – so trefflich charakterisiert an den unterschiedlichen Verfahren, einen Löwen in der Sahara einzufangen, etwa durch sukzessive Separierung von Mengen[15]. Was man allerdings von dem Beitrag „A Catastrophe Theory Model of Jokes and

---

[12] W. HUYGEN, *Das große Buch der Heinzelmännchen*. Die ganze Wahrheit über Herkunft, Leben und Wirken des Zwergenvolkes, Oldenburg o. J.

[13] E.J. MCCARTHY und J.J. KILPATRICK, *A Political Bestiary*, New York 1978.

[14] E. MENDOZA (Hrsg.) *A Random Walk in Science*, The Institute of Physics, London und Bristol 1973.

[15] Vgl. z. B. die Hilbert-, die Bolzano-, Weierstrass- und die thermodynamische Methode in: H. PÉTARD, A Contribution to the Mathematical Theory of Big Game Hunting, in: E. MENDOZA (Hrsg.), *A Random Walk in Science*, op. cit., 25–28.

Humor"[16] erwarten soll, muß der verehrte Leser wohl selbst herausfinden. Sogar die Philosophen beteiligen sich mit kleiner Vernunft am Hilaristischen[17].

Aus dem allgemeinen Leben gibt es hinreichend Beispiele für Distanz wie z. B. in Murphy's Gesetz: „Wenn etwas schief gehen kann, dann geht es auch schief"[18]. Die Literatur hat inzwischen zahlreiche Versionen dieser zeit- und raumunabhängigen Gesetzmäßigkeit beigesteuert, die selbst kritische Rationalisten akzeptieren sollten. Hier einige Lemmata dieses Haupttheorems: Nichts ist so leicht wie es aussieht (1. Lemma). Wenn ein Experiment funktioniert, muß irgend etwas schief gegangen sein (2. Lemma oder Dilemma). Unter Druck wird alles schlimmer (Murphy's Gesetz der Thermodynamik) (3. Lemma). Die Effizienz einer Ausschußsitzung ist pervers proportional zur Anzahl der Teilnehmer und der Beratungszeit (4. Lemma). Die ersten neunzig Prozent einer Aufgabe beanspruchen neunzig Prozent der Zeit, die restlichen zehn Prozent die anderen neunzig Prozent (5. Lemma).

---

[16] Kapitelüberschrift in J. A. PAULOS, *Mathematics and Humor*, Chicago 1980.

[17] H. LENK, *Kritik der kleinen Vernunft*. Einführung in die jokologische Philosophie, Frankfurt 1987.

[18] A. BLOCH, *Murphy's Law and Other Reasons Why Things Go Wrong*, Los Angeles 1977; A. BLOCH, *Murphy's Law*. Book two. More Reasons Why Things Go Wrong, Los Angeles 1980; J. RUSSEL, *Murphy's Law*, Milbrae 1978. Vgl. auch als spezielle Anwendungen das weiter unten zitierte Parkinson'sche Gesetz und das Peter-Prinzip.

II.

Humor, den man bekanntermaßen nicht hat, wenn man ihn definiert, wird von den Soziologen, den Hohepriestern und Sinngebern der modernen Industriegesellschaft, wie folgt umrissen: „Joking is defined as the unconscious transition from one institutionalized meaning structure to another, without changing much of the original role behavior and logic"[19]. Soziologie und Witze entsprechen sich: beide hinterfragen die soziale Existenz, die eine strukturell-funktional, der andere hilar-muskulär. Dem Witz wird in diesem Kontext eine integrative Funktion zugesprochen, da er eine Abkürzung zum Konsensus darstellt. Da der Witz vieles auf das Menschlich-allzu-Menschliche reduziert und er eine Relativierung von Hierarchien, Positionen und Rollen und zugleich mangelnden Respekt erlaubt, sorgt er für etwas Humanität[20]. In der Tat spricht für diese These die Erfahrung an den deutschen Universitäten Ende der sechziger und Anfang der siebziger Jahre. In den Vollversammlungen, Sitzungen und Räten wurde der Humor weitgehend an den Kleiderständern aufgehängt.

Wir verzichten hier darauf, die klassenkämpferische Dimension des Witzes zu analysieren. So erscheint

---

[19] A.C. ZIJDERVELD, Jokes and their Relation to social Reality, *Social Research*, 35 (1968), S. 290. Vgl. auch H.P. RICHTER, Zur Soziologie des Humors, *Soziale Welt*, 6/1955, 105–110.

[20] Zu einer detaillierten Analyse des Humors von zyomatisch-muskulären Aspekten bis zur hemispherischen Lateralization einschließlich der physiologischen Korrelate vgl. P.E. McGHEE und J.H. GOLDSTEIN, *Handbook of Humor Research*, 2 Bände, Heidelberg 1983.

manchem das joking-down[21] als ein Herrschaftsinstrument und zugleich als ein Mechanismus, der den Herrschenden die Erkenntnis neuer Entwicklungen verbaut. Andere werten das joking-up als ersten Schritt des Klassenkampfes oder interpretieren es als Bezugsgruppenverhalten, bei dem sich die beginnende vertikale Mobilität bereits im Witzverhalten zeigt. Eine weitere Kategorie, das „over-here-over-there-joking" bezieht sich auf räumlich abgegrenzte Witze und dient der Identifikation der eigenen Gruppe und dem Absetzen von Außengruppen. Soweit diese „over-here-over-there"-Witze aber Informationen über die anderen Regionen verbreiten, stellen sie einen wesentlichen Beitrag zur räumlichen Mobilität[22, 23] dar.

Verzichtet wird hier auch darauf, die psychoanalytische Fundierung des Witzes zu sondieren[24] und den Witz mit anderen Disziplinen wie dem Literarischen[25] oder der Musik, der Kunst und der Politik[26] zu kreu-

---

[21] A.C. ZIJDERVELD, *op. cit.*, S. 297.

[22] B. MᴄHUMEC, Intervening Jokes and Competing Migrants, *Journal of Regional Science*, 2 (1960), 1–19.

[23] Zur Interdependenz von räumlicher Mobilität und Humor vgl. die Zusammenhänge zwischen Schwaben- und Chinesenländle, wie dokumentiert durch die Ballungsgebiete im Remstal (Bak-Nang, Wai-Bleng) oder „uff de Fildere" (Vai-Heng, Mai-Reng, Aechtr-Deng). Vgl. dazu G. RAFF, *Herr, schmeiß Hirn ra!*, Stuttgart, 1987, 9. Aufl., S. 12.

[24] S. FREUD, Der Witz und seine Beziehung zum Unbewußten, *Gesammelte Werke*, 6. Band, London 1940.

[25] C. BAUDELAIRE. De l'Essence du rire, in: *Curiosités Esthétiques*, Paris 1884; vgl. auch *Wippchens charmante Scharmützel erträumt von J. Stettenheim*, in Erinnerung gebracht von S. LENZ und E.-SCHRAMM, Hamburg 1960.

[26] Vgl. z.B. KARLCHEN SCHMITZ, *Meine Adenauer Memoiren*. Schulaufsätze zur Gegenwartskunde, Köln o.J. Vgl. auch DERSELBE, *Mein Briefwechsel mit Konrad Adenauer*, Fragen zur Lage, Köln o.J.

zen. Wir wenden uns im folgenden mehr dem Ökonomischen zu.

III.

In der mittelalterlichen Medizin bedeutet Humor
„Feuchtigkeit" und wird „auf Körpersäfte angewendet,
die nach ihr die innere Art des Menschen bestim-
men"[27]. Das aride (es wäre humorlos zu sagen; das
sterile) Klima der modernen Nationalökonomie weist
darauf hin, daß die ökonomischen Aspekte des Humors und die hilaristische Dimension der Wirtschaftswissenschaft noch nicht hinreichend entwickelt sind.
Nachdem die Soziologen und Politologen die Wirt-
schaftspolitik besetzt haben, beobachten wir gegenwärtig die Expansion der ökonomischen Theorie in eine
Reihe von Gebieten wie die Ökonomik der schönen
Künste[28], des Fußballs[29], der Pferdewetten[30], des Tritt-

---

[27] F. KLUGE, *Etymologisches Wörterbuch der Deutschen Sprache.*
21. Aufl., Berlin 1975, S. 320.

[28] A. HILTON, The Economics of the Theatre, *Lloyds Bank Review*,
26. Juli 1971; Vgl. ferner T. SCITOVSKY, What's wrong with the Art is
what's wrong with Society, *American Economic Review*, Vol. 62
(1972), 62–69.

[29] M. MELZER und R. STÄGLIN. Zur Ökonomie des Fußballs. Eine
empirisch-theoretische Analyse der Bundesliga, in: *Konjunkturpolitik*,
Heft 2/1965, S. 114–137. M. GÄRTNER und W. POMMEREHNE, Der
Fußballzuschauer – ein homo oeconomicus?, in: *Jahrbuch für Sozial-
wissenschaft*, Heft 1/1978, S. 88–107/N.C. WISEMAN, The Economics
of Football, in: *Lloyds Bank Review*, Januar 1977, n. 123, S. 29–43.

[30] A. GREEN, In Inquiry into the Economics of Race-Track Gam-
bling. *Journal of Political Economy*, Vol. 84 (1976), 169–177.

brettfahrens[31] (wo in der Welt gibt es eigentlich so viele Trittbretter wie Artikel auf diesem Feld?), der Ökonomik von Lieb' und Furcht[32], des Heiratens[33], des Schmuggelns[34], des Beraubens[35] und des Mordens[36], der Astroökonomik[37], des Trinkens[38] und die Ökonomie der Psychiatrie[39]. Es wird nun Zeit, daß auch die Bezüge zwischen ökonomischer Theorie und Humor in den Vordergrund gerückt werden.

Wo sind die Wirtschaftswissenschaftler in das hilaristische Spektrum einzuordnen? Sind die deutschen[40]

---

[31] W.F. RICHTER, Eine Charakterisierung des Trittbrettfahrerverhaltens, in: E. HELMSTÄDTER, Neuere Entwicklungen in den Wirtschaftswissenschaften, *Schriften des Vereins für Socialpolitik*, N.F. Bd. 98, Berlin 1978, S. 101–116.

[32] K.E. BOULDING, *The Economy of Love and Fear*. A Preface to Grants Economics, Belmont 1973.

[33] G. BECKER, A Theory of Marriage, *Journal of Political Economy*, 81 (1973), 813–846 und 82 (1974), 11–26.

[34] J. BHAGWATI und B. HANSEN, A Theoretical Analysis of Smuggling, *Quarterly Journal of Economics*, 86 (1973), 172–187.

[35] PH. A. NEHER, The Pure Theory of the Muggery, *American Economic Review*, 68 (1978), 437–445.

[36] M. JEVONS, *Murder at the Margin*, Glen Ridge 1978.

[37] J.T. BENNET und J.R. BARTH, Astroeconomics, A New Approach to Economics, *Journal of Political Economy*, Vol. 81 (1973), 1473–1475.

[38] O.E. COVICK, The Quantity Theory of Drink – A Restatement, *Australian Economic Papers*, 13 (1974), 171–177.

[39] H.H. LIEBHAFSKY, The Rational Consumer's Demand for Psychiatric Help: A Preference Function Generating a perfectly price-elastic Demand Function, *Journal of Political Economy*, 80 (1972), 829–832.

[40] Die Österreicher nehmen eh eine andere Position ein. Vgl. z.B. die sehr lesenswerte Tischrede von E. STREISSLER in: B. KÜLP und H.D. HAAS (Hrsg.), Soziale Probleme der modernen Industriegesellschaft, *Schriften des Vereins für Socialpolitik*, N.F. Band 92II, Berlin 1977, 989–994.

Ökonomen mit einem besonderen Ernst geschlagen? So scheinen die Amerikaner gelockerter und mit einem Witz in ein internationales Symposium zu gehen, und ein bißchen Heiterkeit verhindert noch keinen Nobel-Preis[41], während bei den deutschen Wirtschaftswissenschaftlern ein Lacher auf einer Tagung bereits erste Zweifel an der Ernsthaftigkeit eines Vortrags aufkommen läßt.

Immer wenn ich mit meinem Freund Ingo Walter zusammentraf, wurde ich – um ein Lieblingswort unserer mathematischen Ökonomen zu verwenden – implizit animiert, über den Schatten der teutschen Ernsthaftigkeit zu springen und in das Land des ökonomischen Lächelns vorzustoßen. Dabei muß ich betonen, daß nicht alle US-Amerikaner so weit gehen würden wie Paul Jonas, der auf meine Frage, ob er einen humorvollen Beitrag zur Ökonomie kenne, antwortete: „The whole economics is a joke". Einer meiner akademischen Lehrer in Köln, Günter Schmölders, hatte in fast jeder Veranstaltung eine Pointe auf den Lippen, ließ, den Julius-Turm kritisch beäugend, einen Slogan wie „Kasse macht sinnlich" langsam auf der Zunge zergehen, liebte die Zuspitzung wie in der „Mops-Theorie" staatlicher Überschußbildung und erwartete auch von einem Seminarreferat einen attention step, ein Bonbon, einen lustigen Gesichtspunkt, auch wenn es nur eine Sommersprosse wurde.

---

[41] Vgl. z.B. die Anmerkung HANKELS: „Samuelsons Einführung entspringt dem Geist ‚fröhlicher Wissenschaft'. Er ist ein Autor, der sich bewußt des trockenen Tons enthält, dessen Beispiele und Bilder, bei aller Distanz des Forschers, plastisch und lebensnah sind" in P. A. SAMUELSON, *Volkswirtschaftslehre*, Köln-Schälsick, 1958, S. VII.

Aus der relativen Position der Ökonomen zum Humor muß man es nur bedauern, daß die alten staatswissenschaftlichen Fakultäten, in denen Juristen und Ökonomen gemeinsam saßen, zerschlagen wurden, stellten diese doch einen anreizkompatiblen institutionalisierten Espritmechanismus dar, mit dem die Ökonomen zu etwas Witz gezwungen wurden. Vielleicht muß man die Gründungen der Gesamthochschulen als einen verzweifelten Beitrag der politischen Akteure zum Humor werten.

Kratzt man an der dürren ökonomischen Erde, so ist hier und da doch ein hilaristisches Pflänzlein zu erspähen. Jöhr behandelt die Wissenschaftstheorie in Plato'scher dramaturgischer Form[42]. Economix[43] faßt einige interessante Beiträge zur heiteren Ökonomik zusammen, so Borchardts „Regeln für den Erfolg von Diskussionsrednern" und Beckmanns Sigmund-Freud-Lecture „Über den lustvermehrenden technischen Fortschritt" und seine „Bekenntnisse eines Neoklassikers". Auch die Sölteriaden[44] sind hier zu nennen ebenso wie die kontrolltheoretische Bestimmung sündeoptimaler, jedoch eschatologisch stabiler Gesellschaften[45]. Immerhin läßt sich zeigen, daß Gesellschaften dann ein optimales Sündenmanagement betreiben,

---

[42] W. A. JÖHR, *Gespräche über Wissenschaftstheorie*, Tübingen 1973.

[43] E. HELMSTÄDTER (Hrsg.), *Economix*, Münster 1976.

[44] A. SÖLTER, *Kartelliaden*. 20 Jahre deutsches Wettbewerbsgesetz, Rück-, Durch- und Ausblick, München 1977; A. SÖLTER, *Ökonokomik*. Die Lehre von den heiteren Seiten der Wirtschaftswissenschaft, Bad Bentheim 1981.

[45] H. LEHNER, G. MERAN und J. MÖLLER, *De Statu Corruptionis*, Entscheidungslogische Einübungen in die Höhere Amoralität, Konstanz-Litzelstetten 1980.

wenn sie den Augenblicksvorteil der Sünde mit ihren user costs ausgleichen. Hin und wieder scheinen sich deutsche Ökonomen der Romantik zu erinnern und präsentieren wichtige Botschaften in Märchen[46]. Ob sie damit verlorenes Terrain zurückgewinnen werden?[47, 48] Auch wenn es darum geht, die großen Fische im Planschbecken der ökonomischen Forschung zu würdigen, wird man gelockert[49]. Schließlich nehmen sich ernstzunehmende Institutionen wie der Schwachverständigenrat selbst auf die Schippe[50]

IV.

Soweit zum Deutschen. In der angloamerikanischen Literatur ist das Spektrum weiter. Dort verhindert die Würde einer Bank nicht, ökonomische Botschaften in den Bankberichten als Fabeln aufzunehmen, wobei die Ökonomie in den Bereich der Mäuse verdrängt wird[51]. Der in diesem Band aufgenommene Beitrag ist ein Beispiel. In einer anderen Story wird aus der Mäuseperspektive über die Käse-Krise berichtet und daran

---

[46] Vgl. z.B. W. Stützel in diesem Buch. S. 218ff.

[47] H. Bonus, Verzauberte Dörfer, oder: Solidarität, Ungleichheit und Zwang, *Ordo*, 29 (1978), 49–82; H. Bonus, Hoffart und Niedergang der Wurzelmänner, *Stuttgarter Zeitung*, 24. Dezember 1981.

[48] W.A. Jöhr, Märchenwelt und Ökonomie, in: S. Börner et al. (Hrsg.), *Basiliskonomics*, Basel 1982.

[49] S. Börner et al. (Hrsg.), *Basiliskonomics*, Basel 1982.

[50] Schwachverständigenrat zur Begutachtung der gesamtwirtschaftlichen Verwicklungen, Im Smog des Ruhms, Sondergutachten I/1985, Eigenverlag Wiesbaden 1985.

[51] Vgl. die Berichte der Morgan Guaranty Trust Company.

das amerikanische Zahlungsbilanzdefizit erklärt. Man stelle sich nur den Geschäftsbericht einer deutschen Großbank mit solchen märchenhaften Einlagen vor.

Niemand darf überrascht sein, daß in den USA ökonomische Grundaussagen plastisch dargestellt[52] und in Comics verdeutlicht werden. So strandet in „The Adventures of Primero Rimero"[53] der Held, ein verwöhnter Playboy, auf einsamer Insel und lernt langsam, aber mühsam, für den Leser jedoch spielend, einige Grundgesetze der Ökonomie. Es ist verblüffend, daß ein deutsches mikroökonomisches Lehrbuch[54] auch von dieser Insel-Idee ausgeht und daß zu Primero Rimero später auch Milton Friedman stößt, um das Geld einzuführen. In einem anderen comic strip[55] stoßen fiscal flash und monetary man als Superheroen aufeinander und tragen die Auseinandersetzung zwischen Fiskalismus und Monetarismus ziemlich handfest aus. Es wird wohl noch eine lange Zeit vergehen, bis in Europa die Grundlagen der Volkswirtschaftslehre von Asterix und Obelix dargelegt werden. Ob eine solche Entwicklung allerdings wünschenswert ist...

Neben einem pfiffigen Titel wie in „How to get to the Future before the Future gets to you"[56], „It takes two to tango, or Sind ‚Separable Externalities' überhaupt

---

[52] S.L. BROWN u.a. *The Incredible Bread Machine*, San Diego 1974.

[53] S. JACKSTADT und Y. HAMADA, *The Adventures of Primero Rimero*, Chicago 1971.

[54] Kenner wissen Bescheid.

[55] HAWAII JOINT COUNCIL OF ECONOMIC EDUCATION, *Superheroes of Macroeconomics*, Chicago 1975.

[56] MEAD, S., *How to get to the Future before the Future gets to you*, New York 1974.

möglich?"[57], „What makes a beautiful problem in science?"[58] oder „The Infernal Revenue Service"[59, 60] schrecken die Amerikaner auch nicht davor zurück, die ökonomische Theorie auf sich selbst anzuwenden, wie in dem Beitrag „The Economics of Reducing Faculty Teaching Loads"[61] der immerhin zu dem verblüffenden Resultat gelangt, daß eine Reduzierung der Lehrdeputate die Forschungszeiten verringert. Will man also die Forschung stimulieren, so muß man das Lehrdeputat erhöhen[62]. In die Rangordnung wissenschaftlicher Zeitschriften schleicht sich – als Kontroll- und Schmunzelvariable – eine Phantomzeitschrift, das Journal of Economic and Statistical Theory ein[63]. Und: Wie wäre das Schicksal der USA verlaufen, wenn Kolumbus von einer Ecke der Erde gefallen wäre?[64] Auch der Beitrag

---

[57] Es handelt sich um den Originaltitel in einem wissenschaftlichen Periodikum, W.J. BAUMOL, *Journal of Political Economy*, 84 (1976), 381.

[58] P.A. SAMUELSON, What Makes a Beautiful Problem in Science, *Journal of Political Economy*, 78 (1970), 1373–1379.

[59] PH. HIRSCH (Hrsg.), *The Infernal Revenue Service*, New York 1972.

[60] Vgl. auch LINDER, *The Harried Leisure Class*, New York, Columbia University Press, 1970, VIII.

[61] R.B. MCKENZIE, The Economics of Reducing Faculty Teaching Loads, *Journal of Political Economy*, 80 (1972), 617–619. Vgl. auch den Kommentar von D. NEEDHAM im gleichen Journal, 83 (1975), 219–223.

[62] Bevor der baden-württembergische Landesrechnungshof aus diesem Resultat ernste Konsequenzen zieht, sei ihm empfohlen, die Bedingungen des Modells genauestens zu beachten.

[63] R.G. HAWKINS, L.S. RITTER und I. WALTER, What Economists Think of their Journals, *Journal of Political Economy*, 81 (1973), 1017–1032.

[64] R.P. MCAFEE, American Economic Growth and the Voyage of Columbus, *American Economic Review*, Vol. 73 (1983), S. 735–740.

„Toward a General Theory of Awards or, Do Economists need a Hall of Fame?"[65] nimmt die Ökonomen auf die Schippe, indem er den Torschützenkönig, Elfmeterexperten, Eckstoßspezialisten für die Jahre 1886–1967 berechnet, allerdings alles in bezug auf Baseball. Schließlich gibt der Dekan in der (Boulding zugeschriebenen) Oper Ileolanthe[66] (Dekans-Arie) dem Studenten der Wirtschaftswissenschaft gute Ratschläge, wie man ein guter Ökonom wird (s. S. 120f.):

> „Willst als Ökonom du glänzen,
> und mit Lorbeer dich bekränzen,
> kannst Du unschwer bei Kollegen
> durch Gebrauch ganz großer Worte,
> notfalls von der hohlen Sorte,
> effizient dein Image pflegen."

Bouldings Veröffentlichungen sind eine Fundgrube hilaristischer Produkte[67]. Von Paul A. Samuelson kann man die Story über Franklin D. Roosevelt's Berater

---

[65] W. L. HANSEN und B. WEISBROD, *Journal of Political Economy*, 80 (1972), 422–431.

[66] N. N. KENNETH E. BOULDING, RICHARD MUSGRAVE, and DANIEL SUITS, *Ileolanthe*. An Almost Entirely Unoriginal Comic Opera in One Act, unveröffentlichtes Manuskript, Ann Arbor 1953. In dieser Oper findet sich auch der Ratschlag: „If you do some acrobatics with a little mathematics, it will take you far along." Oder: „If your sentences are fillable with juicy polysyllable. You won't go too far wrong."

[67] R. P. BEILOCK, Beasts, Ballads and Bouldingisms. A Collection of Writings by Kenneth E. Boulding, New Brunswick 1980. Vgl. z.B. die Zeilen über „The Random Number" auf Seite 153:

> „No shreds of dignity encumber
> The undistinguished Random Number
> He has, so sad a lot is his,
> No reason to be what he is."

hören, der seinem Chefökonomen – auf den Mantelär-
mel zeigend – die Bedeutung der Ökonomen wie folgt
klar machte: „Wissen Sie, wo Sie stehen? Sehen Sie
diese Mantelknöpfe. Sie sind zu nichts nutze, aber jeder
sagt, man brauche sie." Und von Domar stammt das
Diktum: „Wirtschaftswissenschafter sind wie Krawat-
ten. Sie machen sich ganz gut, aber es geht auch ohne
sie." Aus der anglo-amerikanischen Untergrundlitera-
tur liegen auch eine Reihe allerdings anonymer dog-
mengeschichtlicher Exkurse vor[68], wie

> John Ramsay McCulloch
> Had never heard of Buchanan and Tullock
> So he didn't know what was meant
> By the calculus of Consent.

V.

Will man etwas mehr Feuchtigkeit unter die Ökonomen bringen, so muß man sich den Pelz naß machen.
Ein Bändchen wie dieses kann die Mienen meiner verehrten Kollegen angesichts des mangelnden Ernstes
nüchterner, gemessener, steifer und nachdenklicher
werden lassen. Ich muß dann mit Lichtenberg trösten:

---

[68] Andere Knüttelverse sind
  „John Maynard Keynes
  Wondered what remains
  Of the person who had said
  In the long run we're all dead."
Oder etwa
  „Gustav Cassell
  Got into a hazzle
  When he proposed with great Serenity
  The Theory of Purchasing Power Parity."

„Übrigens ist es allerdings merkwürdig, daß in Deutschland, wo Witz vielleicht seltener ist als unter irgendeiner schreibenden Nation, jedermann über zuviel Witz schreit. Es ist dieses zumal der rechte Lieblingsseufzer der Weisen in den oberen Fakultäten geworden, wo man alles, was mit Lächeln gesagt wird, gern für Possen, und alles, was mit bewölkter Stirne vorgetragen wird, für tiefe Weisheit gehalten wissen wollte: hingegen nicht bedenkt, daß die eigentlichen, die ins große gehenden Sottisen, womit sich ganze Fakultäten vor ganzen Zeitaltern lächerlich gemacht haben, meistens mit der Miene der betitelten und besoldeten Bedächtigkeit und der altklugen Herabsehung begangen worden sind. Ich wünschte von Herzen, daß jemand eine Apologie dieser schönen Eigenschaft unseres Geistes unternähme."

Im übrigen wäre ich sehr dankbar, wenn meine sehr verehrten Kollegen mich auf nicht wahrgenommene hilaristische Komponenten der Nationalökonomie hinweisen würden.

VI.

Zu danken habe ich vielen. Ich nenne jedoch keinen[69]! Da sich auch in den Wirtschaftswissenschaften – ein weiteres Beispiel der Vertrocknung – die multiple choice breitmacht, möge der Leser sich einen ihm gefäl-

---

[69] Zwei Ausnahmen muß ich jedoch machen. Herrn Dr. A. Krais danke ich für die treffenden Übersetzungen und Herrn G. Siebeck für manchen Rat in der Auswahl der Texte.

ligen Schlußsatz aussuchen (bitte zutreffendes ankreuzen):

□ „Verbleibende Fehler gehen – um eine geläufige Wendung abzuwandeln – voll zu ihren (der Ratgeber) Lasten. Nicht zuletzt habe ich meiner Frau zu danken, die – wie mein Hund, der auf manche Spaziergänge verzichten mußte – einen großen Teil der sozialen Kosten dieses Buches getragen hat"[70].

□ „... Schließlich möchte ich auch meiner Frau danken, die meine gelegentlichen Geistesabwesenheiten geduldig hinnahm und während der Zeit, in der ich an diesem Buch arbeitete, ihre Ansichten über die Qualität wirtschaftlicher Vorhersage taktvollerweise für sich behielt"[71].

□ „... Frau Hannelore... schließlich tippte nicht nur in mühevoller Arbeit das Manuskript, sondern sie forcierte auch seine Fertigstellung mit der Drohung, sie werde kündigen, wenn das Buch nicht bald abgeschlossen würde. So nehme ich lieber noch bestehende Mängel des Manuskriptes in Kauf – und die mögliche Pointe des Kritikers, ich hätte es vielleicht doch besser auf die Kündigung meiner Sekretärin ankommen lassen sollen"[72].

Mai 1991   *O.V.T*

---

[70] A. Woll, *Allgemeine Volkswirtschaftslehre*, Vorwort zur ersten Auflage, München 1969.

[71] K.W. Rothschild, *Wirtschaftsprognose*, Berlin u.a., 1969.

[72] W. Kirsch, *Entscheidungsprozesse*, Wiesbaden 1970.

I. Zur Einführung

Whither Our Ology?

by
*Manuel Smith**

If someone who does SociOLogy
Is called a SociOLogist,
And those who practice PsyCHOLogy
Are certainly called PsyCHOLogists,
And someone who digs AnthroPOLogy
Is labeled an AnthroPOLogist,
Why isn't it EconoMOLogy
And why aren't we EconoMOLogists?

---

* Assistenzprofessor für Entwicklungsökonomologie am
College of Human Development, Pennsylvania State University.
Der Autor möchte niemanden danken, sondern vielmehr Adam
Smith tadeln, der mit dem ganzen Schlamassel angefangen
haben soll. (Er ist mit Adam Smith weder verwandt noch
verschwägert.) Die Forschungen des Autors wurden offensichtlich von niemandem gefördert oder finanziert.

Kurzer Abriß der Nationalökonomie

von
Kurt Tucholsky

Nationalökonomie ist, wenn die Leute sich wundern, warum sie kein Geld haben. Das hat mehrere Gründe, die feinsten sind die wissenschaftlichen Gründe, doch können solche durch eine Notverordnung aufgehoben werden.

Über die ältere Nationalökonomie kann man ja nur lachen und dürfen wir selbe daher mit Stillschweigen übergehn. Sie regierte von 715 vor Christo bis zum Jahre 1 nach Marx. Seitdem ist die Frage völlig gelöst: die Leute haben zwar immer noch kein Geld, wissen aber wenigstens, warum.

Die Grundlage aller Nationalökonomie ist das sog. „Geld".

Geld ist weder ein Zahlungsmittel noch ein Tauschmittel, auch ist es keine Fiktion, vor allem aber ist es kein Geld. Für Geld kann man Waren kaufen, weil es Geld ist, und es ist Geld, weil man dafür Waren kaufen kann. Doch ist diese Theorie inzwischen fallen gelassen worden. Woher das Geld kommt, ist unbekannt. Es ist eben da bzw. nicht da – meist nicht da. Das im Umlauf befindliche Papiergeld ist durch den Staat garantiert; dieses vollzieht sich derart, daß jeder Papiergeldbesitzer zur Reichsbank gehn und dort für sein Papier Gold einfordern kann. Das kann er. Die obern Staatsbankbeamten sind gesetzlich verpflichtet, Goldplomben zu tragen, die für das Papiergeld haften. Dieses nennt man Golddeckung.

Der Wohlstand eines Landes beruht auf seiner aktiven und passiven Handelsbilanz, auf seinen innern und äußern Anleihen sowie auf dem Unterschied zwischen dem Giro des Wechselagios und dem Zinsfuß der Lombardkredite; bei Regenwetter ist das umgekehrt. Jeden Morgen wird in den Staatsbanken der sog. „Diskont" ausgewürfelt; es ist den Deutschen neulich gelungen, mit drei Würfeln 20 zu trudeln.

Was die Weltwirtschaft angeht, so ist sie verflochten.

Wenn die Ware den Unternehmer durch Verkauf verlassen hat, so ist sie nichts mehr wert, sondern ein Pofel, dafür hat aber der Unternehmer das Geld, welches Mehrwert genannt wird, obgleich es immer weniger wert ist. Wenn ein Unternehmer sich langweilt, dann ruft er die andern und dann bilden sie einen Trust, das heißt, sie verpflichten sich, keinesfalls mehr zu produzieren, als sie produzieren können, sowie ihre Waren nicht unter Selbstkostenverdienst abzugeben. Daß der Arbeiter für seine Arbeit auch einen Lohn haben muß, ist eine Theorie, die heute allgemein fallen gelassen worden ist.

Eine wichtige Rolle im Handel spielt der Export. Export ist, wenn die andern kaufen sollen, was wir nicht kaufen können; auch ist es unpatriotisch, fremde Waren zu kaufen, daher muß das Ausland einheimische, also deutsche Waren konsumieren, weil wir sonst nicht konkurrenzfähig sind. Wenn der Export andersrum geht, heißt er Import, welches im Plural eine Zigarre ist. Weil billiger Weizen ungesund und lange nicht so bekömmlich ist wie teurer Roggen, haben wir den Schutzzoll, der den Zoll schützt sowie auch die deutsche Landwirtschaft. Die deutsche Landwirtschaft wohnt seit fünfundzwanzig Jahren am Rande des Abgrunds und fühlt sich dort ziemlich wohl. Sie ist verschuldet, weil die Schwerindustrie ihr nichts übrig läßt, und die Schwerindustrie ist nicht auf der Höhe, weil die Landwirtschaft ihr zu viel fortnimmt. Dieses nennt man den Ausgleich der Interessen. Von beiden Institutionen werden hohe Steuern gefordert, und muß der Konsument sie auch bezahlen.

Jede Wirtschaft beruht auf dem Kreditsystem, das heißt auf der irrtümlichen Annahme, der andre werde gepumptes Geld zurückzahlen. Tut er das nicht, so erfolgt eine sog. „Stützungsaktion", bei der alle, bis auf den Staat, gut verdienen. Solche Pleite erkennt man daran, daß die Bevölkerung aufgefordert wird, Vertrauen zu haben. Weiter hat sie ja dann auch meist nichts mehr.

Wenn die Unternehmer alles Geld im Ausland untergebracht haben, nennt man dieses den Ernst der Lage. Geordnete Staatswesen werden mit einer solchen Lage leicht fertig; das ist bei ihnen nicht so wie in den kleinen Raubstaaten, wo Scharen von Briganten die notleidende Bevölkerung aussaugen. Auch die Aktiengesellschaften sind ein wichtiger Bestandteil der Nationalökonomie. Der Aktionär hat zweierlei wichtige Rechte: er ist der, wo das Geld gibt, und er darf bei der Generalversammlung in die Opposition gehn und etwas zu Protokoll geben, woraus sich der Vorstand einen sog. Sonnabend macht. Die Aktiengesellschaften sind für das Wirtschaftsleben unerläßlich: stellen sie doch die Vorzugsaktien und die Aufsichtsratsstellen her. Denn jede Aktiengesellschaft hat einen Aufsichtsrat, der rät, was er eigentlich beaufsichtigen soll. Die Aktiengesellschaft haftet dem Aufsichtsrat für pünktliche Zahlung der Tantiemen. Diejenigen Ausreden, in denen gesagt ist, warum die A.-G. keine Steuern bezahlen kann, werden in einer sogenannten „Bilanz" zusammengestellt.

Die Wirtschaft wäre keine Wirtschaft, wenn wir die Börse nicht hätten. Die Börse dient dazu, einer Reihe aufgeregter Herren den Spielklub und das Restaurant zu ersetzen; die frömmern gehn außerdem noch in die Synagoge. Die Börse sieht jeden Mittag die Weltlage an: dies richtet sich nach dem Weitblick der Bankdirektoren, welche jedoch meist nur bis zu ihrer Nasenspitze sehn, was allerdings mitunter ein weiter Weg ist. Schreien die Leute auf der Börse außergewöhnlich viel, so nennt man das: die Börse ist fest. In diesem Fall kommt – am nächsten Tage – das Publikum gelaufen und engagiert sich, nachdem bereits das Beste wegverdient ist. Ist die Börse schwach, so ist das Publikum allemal dabei. Dieses nennt man Dienst am Kunden. Die Börse erfüllt eine wirtschaftliche Funktion: ohne sie verbreiteten sich neue Witze wesentlich langsamer.

In der Wirtschaft gibt es auch noch kleinere Angestellte und Arbeiter, doch sind solche von der neuen Theorie längst fallen gelassen worden.

Zusammenfassend kann gesagt werden: die National-ökonomie ist die Metaphysik des Pokerspielers.

Ich hoffe, Ihnen mit diesen Angaben gedient zu haben, und füge noch hinzu, daß sie so gegeben sind wie alle Waren, Verträge, Zahlungen, Wechselunterschriften und sämtliche andern Handelsverpflichtungen –: also ohne jedes Obligo.

Peter Panter (1931)

Die Geldentwertung

Vortrag, gehalten von Herrn Hepperteppernep pi, der sich
in angeheitertem Zustand befindet

von
Karl Valentin

Die Worte meines Vorredners, ich möchte es unterlassen, mich zu Worte zu melden, da ich betrunken sei, ist nicht wichtig. – Ich bin – das verneine ich nicht – nicht betrunken –, sondern – ich gebe zu – etwas – angeheitert. Wer kann bestreiten, daß ein heiterer, vielmehr angeheiterter Mensch nicht auch ernste Angelegenheiten zu debattieren imstande sein kann – wie viele Redner waren schon nüchtern und haben einen furchtbaren Papp zusammengepappt – vielmehr gepappelt. Zu meinem heutigen Thema über die Geldaufwertung – oder Ab- oder Entwertung möchte ich die Erklärung konstatieren, daß es sich um eine finanzielle Angelegenheit handelt. Es ist ein schmieriges – Verzeihung – ein schwieriges Problem von fantastischer – ah, fanatischer Bedeutung. Die Aufwertung hat mit einer Stabilität nichts gemein – gemein wäre das, wenn die Entwertung oder Auswertung einer Aufwertung gleichkäme, dann ist ein Installation unausbleiblich. Eine Auflocherung, vielmehr Auflockerung des Wirtschaftslebens wird nur dann konfisziert, oder besser

gesagt kompliziert, wenn das Ausland Kompromiß-
emanzipationen entgegennimmt. Unsere Mark stinkt –
ah, sinkt in dem Moment, wenn … jetzt weiß ich nicht
mehr, was ich hätt sagen wollen – aber es ist so. Was ist
heute eine Mark? – Ein Papierfetzen. Außerdem sind es
nur zwei Fuchzgerln. Fuchzgerln aus Hartgeld, und das
ist ein schäbiges Blech, genannt Amilinium. Warum
werden heute keine Goldmünzen mehr geprägt? – Sehr
einfach, weil wir kein Gold mehr haben. Wir haben keins
mehr, weil das ganze Gold zu Goldplomben verarbeitet
wurde. Die Ursache – das Volk hat schlechte Zähne, weil
wir vor dem Krieg zu viel Süßigkeiten genossen haben.
Alles wollte nur Goldplomben nach dem wahren Sprich-
wort: Morgenstund hat Gold im Mund. Jetzt ist es zu
spät für Goldplomben – es ist sogar heute nicht mehr
möglich, sich Zementplomben machen zu lassen, weil es
auch keinen Zement mehr gibt. Daher wieder Papiergeld.
Raus mit den braunen Tausendern, die braune Farbe hat
gar nichts zu tun damit, die waren schon braun im
achtzehnten Jahrhundert, damals waren wir noch gar
nicht verbrannt. – Also, wertet die braunen Tausender
wieder auf, man braucht sie nur zu suchen, die sind alle
vergraben – raus mit dem Papiergeld – wir brauchen kein
Hartgeld – das Geld ist sowieso hart zu verdienen – oder
schafft das Geld ganz ab und damit zugleich auch die
Kriege ab – denn Geld regiert die Welt, das weiß jedes
junge Kind. Geld ist ein Kapitel für sich – Kapital ist die
Ursache jedes Krieges – also nieder mit dem Kapital! –
Es lebe der Krieg – ah – nieder mit dem Krieg! Nieder
mit dem Krieg – es lebe das Kapital. – Nieder mit dem
Finanzamt – es lebe die Geldentwertung. – Nieder mit
dem Hartgeld – es lebe das Weichgeld. – Nieder mit den
Lebendigen – es leben die Toten. – Nieder mit den Hohen

– es leben die Niedrigen. – Nieder mit den Niedrigen – es leben die ganz Niedrigen. – Nieder mit dem Verstand – es lebe der Blödsinn.

Wie man nichtssagend bleibt, aber trotzdem eine Autorität

von

Edgar R. Fiedler

In der „trüben (Wirtschafts-)Wissenschaft" hat die Wirtschaftsprognose mit den Jahren immer mehr an Bedeutung gewonnen. Unglücklicherweise versteht die breite Öffentlichkeit von diesem Spezialgebiet nicht viel. Das liegt hauptsächlich am esoterischen Jargon, der die Sprache der Prognostiker verdunkelt.

Dr. Josua Pomposo Academissi ist ein namhafter Gelehrter, der sein Leben dem Studium des beruflichen Semantizismus gewidmet hat. Mit seiner Hilfe ist es jetzt erstmals möglich geworden, die bislang verborgenen Prinzipien aufzudecken, auf denen die geheimnisvolle Kunst der Prognose beruht, und diese Prinzipien kurz und bündig darzulegen. Zum Nutzen unserer Leser, von denen die meisten mit Prognostikern (oder gegen Prognostiker) arbeiten müssen, oder wenigstens mit (oder gegen) ihre Prognosen, geben wir eine gekürzte Zusammenstellung:

- Erstes Prognosegesetz: Prognostizieren ist sehr schwer, vor allem, wenn es die Zukunft betrifft.
- Deshalb gewöhnt sich schnell an Scherbenhaufen, wer mit Kristallkugeln zu tun hat.

- Ähnlich gilt: In dem Moment, in dem du prognosti-
zierst, weißt du: Du wirst schief liegen. Du weißt nur
nicht wann und in welcher Richtung.
- Sei trotzdem immer genau bei deinen Prognosen. Öko-
nomen geben ihre Projektionen zum Wachstum des
BSP auf Zehntelprozentpunkte genau an, um zu be-
weisen, daß sie Sinn für Humor haben.
- Noch ein grundlegendes Gesetz: Wenn die Tatsachen
nicht der Theorie entsprechen – umso schlimmer für
die Tatsachen.
- Du hast nie so recht an das Urteilsvermögen von
Prognostikern geglaubt? Das ist nur verständlich,
denn ein Ökonom ist ein Mann, der Farrah Fawcett-
Majors wegen ihres Geldes heiraten würde.
- Deshalb ist auch dein Argwohn wegen des engen
Horizonts der meisten Prognostiker gerechtfertigt.
Der Herdentrieb bei Prognostikern läßt Schafe als
selbständige Denker erscheinen.
- Wenn du eine Prognose vorlegst, dann gib eine Zahl
oder einen Zeitpunkt an, aber niemals beides.
- Wenn man dich bittet, deine Prognose zu erläutern:
Unterschätze nie die Macht eines Gemeinplatzes.
- Da wir gerade von materiellen Vorteilen reden: Früher
wurden Ökonomen gefragt: „Warum sind Sie nicht
reich, wenn Sie so schlau sind?" Heute werden sie
gefragt: „Wie sind Sie bloß so reich geworden, wo Sie
doch jetzt bewiesen haben, daß Sie nicht schlau sind?"
- Über die Verwendung von Umfragetechniken bei der
Prognose: Wenn du über das Thema absolut nichts
weißt, dann gib deine Prognose aufgrund der Befra-
gung einer sorgfältig ausgewählten Zufallsstichprobe
von 300 anderen Leuten ab, die die Antwort auch
nicht wissen.

- In einer modernen Wirtschaft hängt alles mit allem zusammen; Prognostiker neigen deshalb dazu, immer weniger über immer mehr zu ermitteln, bis sie am Ende nichts über alles wissen. (Aber Prognostiker, die sich spezialisieren, ermitteln immer mehr über immer weniger, bis sie am Ende alles über nichts wissen.)
- Noch ein alter Hut: Frage fünf Ökonomen, und du bekommst fünf verschiedene Erklärungen (sechs, wenn ein Professor darunter ist).
- Wie ein Ökonom „schwere Zeiten" definiert: Eine Rezession ist, wenn mein Nachbar seinen Job verliert. Eine Depression ist, wenn ich meinen Job verliere. Eine Panik ist, wenn meine Frau ihren Job verliert.
- Stoßgebet des Chefs: „Herr, bitte gib mir einen einseitigen Ökonomen ... damit wir nicht immer zu hören bekommen: ‚Andererseits ...' ..."
- Murphys Gesetz ist allgemein bekannt und hat einen breiten Anwendungsbereich (und endlose Variationen), aber es scheint besonders für Prognosen zuzutreffen: Wenn irgend etwas schiefgehen kann, dann geht es auch schief.
- O'Brien hielt nicht viel von Murphy und sagte: „Murphy ist ein Optimist."
- Da wir gerade von Iren reden: Finagles Konstante ist das, was man zum ökonometrischen Ergebnis addiert, um die richtige Antwort zu erhalten. (Aber man beachte, daß Finagles Konstante in hohem Maße variabel ist.)
- Die beste Verteidigung eines Prognostikers ist ein guter Angriff, deshalb: Wenn du prognostizieren mußt, dann prognostiziere oft.
- Und, wenn du je einmal richtig liegst: Sieh zu, daß man es nie vergißt.

Weiterführende Literatur zu Kapitel I

BENNET, J. T. und BARTH, J. R., Astronomics: A New Approach to Economics, *Journal of Political Economy*, 81, (1973), 1473–1475.

GORDON, S., The Economics of the Afterlife, *Journal of Political Economy*, 88, (1980), 213–214.

HAWAII JOINT COUNCIL ON ECONOMIC EDUCATION, *Superheroes of Macroeconomics*, Chicago 1975.

HELMSTÄDTER, E. (Hrsg.), *Nebenprodukte*. Eine Festgabe für Wilhelm Krelle (55). Bonn/Münster 1971.

HELMSTÄDTER, E. (Hrsg.), *Economix*, Münster 1976.

HIRSCH, PH. (Hrsg.), *The Infernal Revenue Service*, New York 1972.

JACKSTADT, S. und HAMADA, Y., *The Adventures of Primero Rimero*, Chicago 1971.

JÖHR, W. A., *Gespräche über Wissenschaftstheorie*, Tübingen 1973.

MCCARTHY, E. J. und KILPATRICK, J. J., *A Political Bestiary*, New York 1978.

N. N. [KENNETH E. BOULDING, RICHARD MUSGRAVE, and DANIEL SUITS], *Ileolanthe*. An Almost Entirely Unoriginal Comic Opera in One Act, unveröffentlichtes Manuskript, Ann Arbor 1953; Auszug *hier* S. 120–121.

SCHWACHVERSTÄNDIGENRAT ZUR BEGUTACHTUNG DER GESAMTWIRTSCHAFTLICHEN VERWICKLUNGEN, *Im Smog des Ruhms*, Sondergutachten I/1985 Wiesbaden Eigenverlag 1985; *hier* auszugsweise S. 66–71.

SCITOVSKY, T., *The Joyless Economy*, New York 1976.

SÖLTER, A., *Kartelliaden*. 20 Jahre deutsches Wettbewerbsgesetz. Rück-, Durch- und Ausblick, München 1977.

SÖLTER, A., *Das Pferd, das den Karren zieht*, Bergisch-Gladbach 1978.

WEGBAUER, W., Sachverhalte und Wertverhalte, in Th. W. Herrmann (Hrsg.), *Dichotomie und Duplizität*. Grundfragen psychologischer Erkenntnis. Ernst August Dölle zum Gedächtnis, Bern u.a. 1974, 124–129.

II. Wissenschaftsbetrieb

Regeln für den Erfolg
von Diskussionsrednern

von
Knut Borchardt*

Oft kommt man in die Situation, etwas zu einem wirtschaftswissenschaftlichen Vortrag sagen zu müssen oder zu wollen. Vielfach ist der Erfolg solcher improvisierten Bemerkungen nicht der erwünschte. Das läßt sich vermeiden. Es gibt nämlich Techniken, die es auch einem Debattenredner, der relativ wenig von der Sache versteht, gestatten, sich vor den Fachkollegen auszuzeichnen. Und sei es auch nur dadurch, daß er den Erfolg des Referenten vermindert.

Teilnehmende Beobachtung an allzu zahlreichen Diskussionen und eigene Praxis, in der die Rezepte erprobt wurden, erlauben es dem Autor, weniger sicheren Kolle-

---

* Vor etwa 20 Jahren las der Verfasser dieser Regeln in einer deutschen Wochenzeitung eine ähnliche Anleitung, geschrieben von einem Naturwissenschaftler. Leider ließ sich dieser Beitrag nicht mehr ermitteln. In früheren Auflagen erbat der Autor Hinweise von Lesern auf diese Quelle. Sie ist noch immer nicht gefunden, doch wurde aus Privatbesitz ein 1965 von JOSEF LIEBERTZ verfaßtes, maschinengeschriebenes Manuskript „Anleitung zum Diskutieren. Ausgewählte Methoden der wissenschaftlichen Dialogologie" vom 25. 10. 1965 zur Verfügung gestellt, das große Ähnlichkeiten mit der erwähnten Anleitung hat, ihr vielleicht sogar zugrundegelegen hat. Für weitere Hinweise bleibt der Autor dankbar. Im übrigen sind auch individuelle Erfahrungsberichte sehr willkommen – sei es Berichte über Erfahrungen mit den hier skizzierten Techniken, sei es über noch nicht behandelte.

gen mit den folgenden Ratschlägen an die Hand zu gehen. Dabei gehe ich freilich von der vermutlich nicht wirklichkeitsfremden Vorstellung aus, eine wissenschaftlichen Diskussion sei einem Nullsummenspiel ähnlicher als dem Teamwork. Somit kann man sich an der Analogie von Kampfspielen orientieren, für die es ja auch darauf ankommt, möglichst viele „Griffe" zu beherrschen, um abwechslungsreich zum individuellen Anerkennungserfolg zu gelangen.

Es ist bei den Techniken der Diskussionsrede zu unterscheiden zwischen solchen, die einen gewissen Sachverstand hinsichtlich der behandelten Materie erfordern, und solchen, die nicht einmal dies voraussetzen. Bekanntlich sind die letzten nicht weniger wirkungsvoll. Sie eignen sich deshalb auch für Diskussionsleiter und Teilnehmer von „intellektuellen Schaukämpfen", genannt Podiumsgespräch. Hier versammelt man ja oft notorisch mit der Sache sonst nicht befaßte Personen.

A. Techniken für den unvorbereiteten Diskussionsredner

1. Die Technik des gezielten Mißverständnisses

Diese Technik wird oft angewendet und erweist sich immer wieder als enorm leistungsfähig. So hat ein Diskussionsredner etwa mit innerer Erregung folgendes zu sagen: „Der Herr Referent hat gesagt, daß als Ergebnis seiner Berechnungen der Kapitalkoeffizient steigen werde. Das ist ganz falsch! Ein schnelles Durchrechnen zeigt, daß er natürlich sinken muß." Genau dies hat nun aber auch der Referent gesagt – und dennoch (ja gerade deshalb) trägt der Diskussionsredner einen Erfolg davon. Er sieht mindestens so schlau aus wie der Referent –

weil er die Sache trotz nachweislich geringerer Aufmerksamkeit so rasch durchschaut hat.

2. Die Technik des Zwangs zum intellektuellen Konkurs

Hier hat der Diskussionsredner etwa folgendes auszuführen: „Der Vortragende hat den Prozeß für die Zeit von 1950 bis 1970 in Deutschland untersucht. Dabei hat er einen Koeffizienten von 0,137 ermittelt. Was würde aber für England (die Zeit von 1930 bis 1940) herauskommen?" In solchen Fällen muß der Autor bekennen, daß er das nicht weiß, somit sich als Ignorant erweisen. Nur noch schlimmer kann er es machen, wenn er sich jetzt zu Vermutungen provozieren läßt, denn man wird ihm vorwerfen, daß dies keine anständige Methode ist.

3. Die Technik des Vorwurfs der falschen Modell- oder Aussagenebene

Eine der meistgeübten Techniken der wirtschaftswissenschaftlichen Diskussion bedient sich der folgenden Aussagen: „Das Ganze ist ja auf einem viel zu hohen Aggregatniveau abgehandelt. Bei Disaggregation oder im Einzelfall zeigt sich vermutlich etwas völlig anderes". Ging ein Autor aber auf Branchen, Regionen oder sogar Einzelfälle ein, so kann man ihn mühelos mit der folgenden Bemerkung matt setzen: „Einzelbeispiele besagen wohl nichts. Wie verhält es sich mit den anderen Fällen oder bei zusammenfassender Betrachtung?" Zu Technik A 3) gibt es zahlreiche Varianten. Charles Kindleberger trug beim VI. Internationalen Kongreß für Wirtschaftsgeschichte in Kopenhagen im August 1974 „Borchardts Law" vor, welches lautet: „Wenn immer einer sagt, in

Deutschland sei im 19. Jahrhundert etwas so oder so gewesen, wird ein anderer auftreten und mitteilen, daß es sich in Chemnitz oder Niederschlesien anders verhalten habe." Der große Vorteil dieser Methode ist, daß – obgleich niemand daran interessiert ist zu wissen, wie es denn in Chemnitz wirklich gewesen ist – die Behauptung genügt, um die These des Referenten zu entblättern. Ähnlich gehe man vor, wenn jemand über die Lage der deutschen Industrie der Gegenwart spricht („aber in der Schuhindustrie ..."). Es ist meist ungefährlich, sich ein beliebiges Beispiel auzusuchen – man wird höchst selten um genaue Auskunft gebeten.

Studien von Einzelmärkten kann man natürlich schon deshalb als irrelevant bezeichnen, weil der Referent sie nicht verallgemeinern kann.

B. Techniken für den fachlich etwas Fortgeschritteneren

Die unter A behandelten Beispiele erfolgreicher Diskussionstechnik bedürfen keinerlei Vorbereitung; die folgenden stellen geringfügig höhere Ansprüche, wie man sogleich sehen wird.

4. Die Technik der De-Originalisierung des Referenten

Wer war nicht schon in Diskussionen, in denen ein anwesender Star des Faches allein mit dem Hinweis „Das ist doch wohl nicht neu – alles schon einmal gesagt – am Ende des 19. Jahrhunderts finden sich dazu schon Hinweise ..." die Position des Referenten schwer gefährdete. Freilich gibt es zwei verschiedene Varianten dieser Technik.

Variante a) Die Technik der De-Originalisierung mit solidarisierender Einvernahme: „Die Sache ist ganz richtig, zumal ich selbst so etwas auch schon gesagt habe."

Variante b) Die Technik der De-Originalisierung mit rückbezüglicher Deklassierung: „Haha, das hat der ... vor x Jahren auch schon behauptet!" Bei geeigneter Wahl des Autors braucht man kaum hinzuzufügen, daß es natürlich falsch ist.

5. Die Technik der De-Aktualisierung

Zahlreich sind die Versuche, diese (im übrigen nicht ganz ungefährliche) Technik der Diskussion zu verwenden. Eigentlich ist sie eher für Diskussionsleiter bestimmt, die die Rede auf mehr Allgemeinverständliches bringen wollen, wo jeder mitreden kann. In solchen Fällen empfiehlt es sich zu fragen: „Sagen Sie mal, das ist ja ganz schön – aber ist das eigentlich aktuell?" Die folgende Zusatzfrage sollte jedoch nur Könnern vorbehalten sein – und sie sollte nie an derzeit akzeptierte Meinungsführer gerichtet werden: „Liegen die wirklichen Probleme nicht eher in folgendem ...?" Erfahrene Hochschullehrer wissen, daß eine gewisse Gruppe von respektlosen Studenten sich diese Technik schon abgesehen hat und sie in Übungen zur Wirtschaftstheorie ganz gut beherrscht; wobei sie völlig ohne Wirtschaftstheorie auskommt. Aber so etwas geschieht auch unter approbierten Gelehrten.

6. Die Technik des geforderten Eigentors

Wenn ein Referent umfangreiche mathematische Ableitungen vorgeführt hat, so könnte ein hierarchisch gleich oder höher eingestufter Diskussionsteilnehmer die Frage stellen: „Können Sie das nicht einmal in Worten sagen?" In aller Regel wird es jetzt verfänglich, ungenau, mißverständlich – weshalb den Referenten in solchen Fällen ausnahmsweise geraten wird, lieber sogleich das Handtuch zu werfen. Keinesfalls aber sollten Novizen des Faches als Diskussionsredner die Technik Nr. 6 anwenden. In ihrem Fall deklassiert die Frage den Frager – wie wenn er Hilfe zum Verständnis der Sache brauchte.

Auf ähnlicher Ebene liegt übrigens die viel verwendete Diskussionstechnik, einen Redner, der sich enorme Mühe mit der Entfaltung komplizierter Zusammenhänge oder eines umfangreichen, differenzierenden Tatsachenmaterials gegeben hat, um eine kurze Zusammenfassung der Ergebnisse zu bitten. Redner, die auf solche Bitten eingehen, gelangen notwendig dazu, ihre Ergenisse selbst als banal oder höchst anfechtbar erscheinen zu lassen.

7. *Die Technik der gezielten Überforderung des Autors*

Dies ist eine sehr wirksame Methode mit mannigfachen Vorteilen. Von diesem Typ sind etwa Fragen wie die folgende: „Wie könnte man Ihr Modell verknüpfen mit dem Modell von …?" (Möglichst weit weg – aber noch nicht offenkundig unsinnig.) Eine solche Frage zeigt, 1. daß der Frager ein anderes Modell kennt, 2. daß der Hauptredner es nicht oder nur ungenau kennt und 3. daß ihm die Verbindung so schnell nicht gelingt. Der Diskussionsredner hat ja schon durch die Frage zu erkennen gegeben, daß man von ihm die Verbindung nicht verlangen könne. Zu den häufigsten Diskussionsfragen dieser Technik Nr. 7 gehören die vom folgenden Charakter: „Inwieweit hängt Ihr Modell von dem spezifischen Charakter der Gleichung 37 (oder des Parameters α in Gleichung 12) oder der Tatsache ab, daß Sie keine Liquiditätsfunktion aufgenommen haben?" Bei solchen Fragen sehen die meisten Referenten weniger gut aus als der Frager.

8. Die Technik der hermeneutischen Diskussionsbeiträge[1]

In einer Diskussionsrunde mit einheitlichem Verständnis genügt es, die jeweilige „Bibel" zu zitieren, um andere schlecht aussehen zu lassen, wobei man allerdings vorsichtig verfahren muß.

Empfehlenswert etwa die folgende Bemerkung: „Im dritten Band vom ‚Kapital' hat Marx aber gesagt – ich weiß die Stelle im Augenblick nicht genau, aber ungefähr wie folgt …" Keiner der Anwesenden hat den dritten Band vom ‚Kapital' gelesen; da es aber nicht zugegeben werden darf, ist keine weitere Replik möglich.

9. Die Technik der individuellen Appropriation des Themas

In den Händen von noch Geübteren ist die folgende Diskussionstechnik eine wirksame Waffe: „Der Verfasser ist in seinem Referat viel zu wenig eingegangen auf etwas Wesentliches, ja auf das Wesentliche der Angelegenheit. Es liegt im folgenden …" und hat den Vorteil, dem Verfasser zu gestatten, nun längere Ausführungen

---

[1] Diese Technik wurde dem Verfasser dankenswerterweise von Gerhart Bruckmann (Wien) anläßlich des Ottobeurener Seminars im September 1974 mitgeteilt.

über ein anderes Gebiet zu machen, auf dem er sich auskennt.

10. Die Technik des igittigitt!

Absolut tödlich scheinen – je zu ihrer Zeit – Diskussionsbeiträge etwa vom folgenden Typ: „Das ist ja historische Schule!" – „Das ist ja eine nicht marktkonforme Maßnahme." „Sie Wachstumsfetischist!" „Das ist bürgerliche Ökonomie!" Neuerdings hat sich als sehr wirksam erwiesen: „Das ist ja neoklassisch!"

Konferenz-Glossar

von
George J. Stigler

Wenn ich an wirtschaftswissenschaftlichen Tagungen teilnehme, fällt mir immer der bekannte „Irrenwitz" ein, in dem die Irren ihre Witze numeriert haben und sich zur Vereinfachung nur noch die Nummern erzählen. Gewisse Parallelen zwischen dem Verhalten von Irren und dem Verhalten von Wissenschaftlern sind unverkennbar. Es liegt deshalb nahe, die Diskussionsbeiträge, die bei wissenschaftlichen Kongressen geleistet werden, zu numerieren und in einem Kommentarhandbuch zusammenzufassen. Nachstehend folgt eine vorläufige Liste. Sie dürfte bereits einen großen Teil der Kommentare abdecken, die man bei Konferenzen so hört. Wenn mein Vorschlag Anklang findet, läßt sich die Liste erweitern und durch eine zweite Liste mit den zugehörigen Standardantworten ergänzen.

Einleitende Bemerkungen

A. Das Referat brachte einen glänzenden Überblick über die Literatur, betrat aber leider kein Neuland.

B. Es ist bewundernswert, wie der Referent das selbstgestellte Problem gelöst hat; leider war es das falsche Problem.

C. Schade, daß der Verfasser seine gewaltige Belesenheit und seinen ungeheuren Fleiß nicht für ein besseres Ziel eingesetzt hat.

D. Ich bin Amateur auf diesem Gebiet, muß mich also vorsichtig und zurückhaltend äußern. Aber selbst ein Neuling findet an diesem Referat vieles auszusetzen.

E. Ich habe viel Verständnis für den Verfasser; bis vor zwei Jahren dachte ich ähnlich wie er.

F. Es ist gut, daß sich auch einmal ein Nichtspezialist mit unserem Problem befaßt. Da kann immer ein neuer Gesichtspunkt auftauchen. Aber im allgemeinen – und so auch hier – zeigen sich wieder einmal die Vorzüge der Arbeitsteilung.

G. Dieses Referat enthält viel Neues und viel Gutes, aber das Neue ist nicht gut, und das Gute ist nicht neu.

H. Man hatte mir vor drei Wochen einen Abzug des Referats zugesagt; ich habe ihn aber erst vorhin an der Tür bekommen.

Kommentare

1. Das hat schon Adam Smith gesagt.
2. Leider gibt es ein Identifikationsproblem, mit dem der Autor nicht fertig wird.
3. Die Restgrößen sind offensichtlich unnormal, und das Modell ist falsch spezifiziert.
4. Theoretisieren bringt in diesem Stadium nichts; wir brauchen eine Reihe von Fallstudien.

5. Fallstudien können Anhaltspunkte liefern; es gibt aber keinen echten Fortschritt, solange wir kein Modell des Prozesses haben.

6. Das ist ein Indexzahlenproblem (veraltet, außer in Cambridge).

7. Haben Sie's mit der zweistufigen Methode der kleinsten Quadrate probiert?

8. Die Schlußfolgerungen ändern sich, wenn Sie die Unsicherheit berücksichtigen.

9. Ich habe die Hauptresultate in einem Aufsatz bewiesen, der vor zwei Jahren erschienen ist.

10. Der Referent unterscheidet nicht zwischen transitorischen und permanenten Komponenten. Das beeinträchtigt seine Analyse.

11. Mit diesem externen Effekt wird der Markt natürlich nicht fertig.

12. Und was passiert, wenn die Transaktionskosten nicht gleich Null sind?

13. Das folgt aus dem Coase-Theorem.

14. Das gesamte Bild ändert sich natürlich, wenn Sie Investitionen in Humankapital berücksichtigen.

15. Die Nachfragefunktion ist natürlich recht unelastisch.

16. Die Angebotsfunktion ist natürlich hochelastisch.

17. Der Autor arbeitet mit einem Vorschlaghammer, um eine Erdnuß zu knacken.

18. Welcher empirische Befund würde ihrer Theorie widersprechen?

19. Die zentrale Behauptung ist nicht nur eine Tautologie, sie ist auch falsch.

20. Was passiert, wenn Sie die Analyse auf spätere (oder frühere) Perioden ausdehnen?

21. Diese Theorie arbeitet mit einer dermaßen engstirni-

gen und egoistischen Handlungsmotivation, daß sie das Verhalten von Menschen aus Fleisch und Blut unmöglich erklären kann.

22. An die Stelle des schlappen Wirtschaftssubjekts in diesem impressionistischen Modell gehört das nutzenmaximierende Individuum.

23. Hatten sie Schwierigkeiten bei der Inversion der singulären Matrix?

24. Schade, daß die falsche Wahl zwischen M_1 und M_2 getroffen wurde.

25. Das ist in der Theorie richtig, stimmt aber nicht in der Praxis. (Sparsam verwenden!)

26. Der Redner glaubt offensichtlich, daß es ein Mittagessen umsonst gibt.

27. Dieses Problem läßt sich mit Methoden der partiellen Gleichgewichtsanalyse nicht lösen: ohne eine allgemeine Gleichgewichtsformulierung geht es nicht.

28. Dem Referat sind durch das Paradigma der Neoklassik enge Grenzen gesetzt; zahlreiche Probleme, die uns auf den Nägeln brennen, bleiben deshalb außer Ansatz.

29. Die Schlußfolgerung beruht auf der Annahme unveränderter Präferenzen, aber die Präferenzen haben sich natürlich geändert.

30. Das Problem in der gegenwärtigen Situation besteht darin, daß die Nutzungsrechte nicht hinreichend definiert sind.

Geläufige Wendungen
in Forschungsberichten

von
C. D. Graham, Jr.

Es ist schon seit langem bekannt, daß ...	Ich habe mir nicht die Mühe gemacht, bei der ursprünglichen Quelle nachzusehen
... von großer theoretischer und praktischer Bedeutung	... interessiert mich
Wenn es auch nicht möglich war, definitive Antworten auf diese Fragen zu liefern ...	Die Experimente sind danebengegangen, aber ich habe mir gedacht, daß wenigstens eine Publikation dabei herausspringen könnte
Drei der Stichproben wurden für eingehende Untersuchungen ausgewählt	Bei den anderen war mit den Ergebnissen nichts anzufangen; sie wurden nicht berücksichtigt
... werden typische Resultate aufgezeigt	... werden die besten Resultate aufgezeigt
Läßt man einige Ausreißer aus den Berechnungen heraus, so ergibt sich ...	Aufgrund der Daten kann man unmöglich sagen, daß ...

Über einen längeren Zeit-
raum hinweg wäre ver-
mutlich ...

Ich habe mir nicht die
Zeit genommen, das her-
auszufinden

Die Übereinstimmung mit
den theoretisch vorherge-
sagten Werten ...

ist ausgezeichnet
ist gut
ist befriedigend
ist recht gut

ist recht gut
ist schlecht
ist zweifelhaft
besteht nur in meiner
Phantasie
fehlt völlig

ist so gut, wie zu erwarten
war

Diese Ergebnisse werden
zu einem späteren Zeit-
punkt mitgeteilt

Ich könnte möglicher-
weise einmal dazu kom-
men

Die verläßlichsten Werte
stammen von Jones

Er ist mein Schüler

Es wird vorgeschlagen,
daß ...
Man glaubt, daß ...
Es könnte sein, daß ...

Ich meine

Man glaubt allgemein,
daß ...

Ein paar andere Jungs
meinen das auch

Man könnte einwenden,
daß ...

Ich habe eine so gute Antwort auf diesen Einwand
parat, daß ich ihn nun
vorbringen will

Es ist klar, daß noch
viel zu tun bleibt, bis ein
volles Verständnis ...

Ich verstehe es nicht

Ein wichtiger Effekt

Über die Größenordnung
in der Realität wissen wir
nichts

Es ist zu hoffen, daß die vorliegende Arbeit weitere Arbeiten auf diesem Gebiet anregt

Der Aufsatz ist nicht besonders gut, aber über dieses elende Thema hat noch keiner etwas Vernünftiges geschrieben

Mein Dank gebührt Joe Glotz für Unterstützung bei den Experimenten und John Doe für wertvolle Diskussionen

Glotz hat die Arbeit getan, und Doe hat klargemacht, wozu sie eigentlich gut ist

Aus dem Tagebuch eines Wirtschafts-wissenschaftlichen Doktoranden*

von
H.W.

13. März: Bin durch! Zähestes Ringen herrlich belohnt: Vater gefunden, für meine Dissertation. Das Schwerste ist geschafft. Fange morgen an.

14. März: Mit Lissy in Ferien. Erholung dringend notwendig.

18. April: Gliederung der Dissertation vollständig im Kopf.

25. April: Material angefordert. Ratschläge von erfahrenen Alt- und Uralt-Doktoranden angehört. Hoffe auf Wintertermin.

3. Mai: Literatur gelesen. Auszüge gemacht.

11. Mai: Alte Dissertationen eingesehen, weiß jetzt, wie man es macht. Mit „know how" ist praktisch alles geschafft.

24. Juli: Auf interessantes Problem gestoßen. Bin begeistert.

---

* Irgendwelche Ähnlichkeiten mit Personen oder Sachvorgängen an irgendeiner Universität sind reiner Zufall, vor allem in der Bundesrepublik.

25. Juli: Mit Lissy in Ferien, dringend erholungsbedürftig.

5. August: Katastrophe: Problem schon in anderer Dissertation behandelt!

10. September: Komme mit Hilfe von Lissy wieder zu
mir: Wenn ich Thema auf 3% der ursprünglichen For-
schungsplanung konzentriere und radikal spezialisiere,
bleibt dissertationswürdiger Brocken übrig!

Oktober, November Dezember. Auszüge gemacht.

Januar: Hoffe auf Sommertermin.

10. Januar: Mit Lissy in Ferien, dringend erholungsbedüftig.

Ende Februar: Hochzeit mit Lissy.

13. März: Jahrestag meines Dissertationsbeginns
schlicht gefeiert.

3. April: Erste Niederschrift begonnen. Das Schwerste
liegt hinter mir.

18. Mai: Professor gesprochen. Staunte über mein
schnelles Arbeiten. Gab neue Literatur an.

14. Juni: Literatur gelesen, Auszüge gemacht. Werde
vielleicht Wintertermin schaffen.

30. Juli: Neue Erkenntnisse gewonnen und in drei bedeutsamen Anmerkungen phantastisch untergebracht.

3. August: Mit Lissy Ferien gemacht. Lissy in Schreib-
maschine diktiert.

5. September: Diktiert bis Zweiter Teil C V d 3 a) 16).

10. Oktober: Unterbrechung durch Geburt unseres Soh-
nes. Wollen ihn Universitas nennen.

11. Oktober: Standesbeamter lehnt Namen ab. Unver-
ständlich. Geistiges Niveau der bundesrepublikanischen
Bürokratie offensichtlich stark notleidend. Wo bleibt

kulturelles (geschweige finanzielles) Verständnis für wissenschaftlichen Nachwuchs? Vergleich mit Pinschern drängt sich unwillkürlich auf.

18. Oktober: Letzte Dissertationsseite selbst getippt. Das Schwerste ist jetzt endgültig geschafft.

19. Oktober: Mit Lissy und Sohn in Ferien. Dringend erholungsbedüftig.

14. Januar: Arbeit abgegeben. Erreiche sicher Sommertermin.

9. Februar: Professor überlastet; hat keine Zeit, meine Arbeit zu lesen.

13. März: Zweiten Jahrestag meiner Dissertation schlicht gefeiert.

April: Dissertationsentwurf von Professor noch immer nicht gelesen.

Mai: Dito. Hoffe trotzdem fest und unerschütterlich auf Wintertermin!

3. Juni: Professor gesehen. Er mich nicht. Schlimmes Zeichen.

1. Juli: Arbeit zurückbekommen; habe vergessen, Beziehungen zu Non-Linear-Programming zu untersuchen und das Ganze auf Monte-Carlo-Theorie und Minima-Maxima-Theorem zu fundieren. Soll außerdem die Ergebnisse der einschlägigen Forschung in der älteren Steinzeit heranziehen.

August bis Januar: Konnte exakt nachweisen, daß die ältere Steinzeit für mein Spezialproblem unergiebig. Entsprechende Anmerkung in mehrwöchiger Nachtarbeit (Lissy sehr böse) schweißtreibend, aber logisch unwiderleglich ans Licht befördert.

14. Januar: Arbeit erneut abgegeben, hoffe auf Sommertermin.

23. Februar: Professor hat Arbeit im wesentlichen genehmigt. Die notwendige gründliche Überarbeitung soll ich nach dem Mündlichen vornehmen. Professor rät mir, auch Korreferent mit Arbeit bekannt zu machen.

2. März: Dem Korreferenten Arbeit vorgelegt und in gefälliger Form, ehrerbietig aber geschmeidig, um Vor-Beurteilung gebeten.

13. März: Mit Lissy und Sohn in Ferien. Dringend erholungsbedürftig.

8. September: Korreferent Arbeit gelesen. Vollständig verworfen. Hoffnung auf Wintertermin endgültig im Eimer. Zusammenbruch nahe, von Lissy getröstet.

Oktober – Februar: Dissertation vollständig umgebaut; weiß aber nicht, ob Erstreferent mit jetzigem Ergebnis einverstanden. Vielleicht erreiche ich aber doch den Sommertermin?

13. März: Vierten Jahrestag meiner Dissertation schlicht gefeiert. Lissy wegen Vernachlässigung wieder etwas böse.

16. Juni: Glückliche Änderung der Situation: Konnte in zwei Anmerkungen Korreferenten zitieren! Auspizien jetzt nach *dieser* Seite hoffnungsvoll, ja, gut! Hoffentlich stößt sich aber nunmehr Erstreferent nicht an übertriebener Heranziehung von Auffassungen des Korreferenten! September – Weihnachten: Lissy neue Fassung in Maschine diktiert. Hoffe auf Sommertermin.

28. Februar: Dissertation auch von Korreferenten genehmigt.

1. März: Von Doktorvater auf drei Neuerscheinungen aufmerksam gemacht. Hoffnung auf Wintertermin gefährdet.

13. März: Fünften Jahrestag meiner Dissertation schlicht gefeiert. Lissy versprochen, daß unser Sohn nie promovieren darf.

Nach dem Entwurf eines Unbekannten überarbeitet und „angereichert" von H. W.

Das Wesentlichste über das
Institut für Wesentliches

von
XXX

Das *Institut für Wesentliches* wurde nach einer einjährigen Anlaufzeit offiziell am 8. April 1978 in Berlin gegründet.

Es besteht aus den Sektionen:
– Sektion Berlin (mit der Tochtergesellschaft NON PLUS ULTRA Gerätebau GmbH Berlin
– Sektion Bonn-Land
– Sektion Frankfurt am Main
– Sektion Den Haag
– Sektion Wien.

Die Mitglieder der Sektionen arbeiten entsprechend der wesentlichsten Komponente ihrer jeweiligen Neigung in einer der im Organisationsplan aufgeführten Abteilungen mit. (Siehe S. 62/63)

Der Gegenstand ihrer Mitarbeit bewegt sich jweils im Rahmen der Aufgabenstellung des *Instituts für Wesentliches,* die wie folgt definiert ist:

Das Institut sieht seine Aufgaben vor allem darin:
1. Wesentliches zu fördern,
2. Wesentliches zu publizieren,
3. Wesentliches durchzuführen.

Die Arbeitsergebnisse sowie alles überhaupt Mitteilsame werden primär im Zentralblatt des *Instituts für Wesentliches,* in *Des Pudels Kern,* und in den je nach Bedarf erscheinenden Bänden der Reihe *Kern-Forschungsberichte* veröffentlicht.

Kooperationspartner des Instituts sind:
- Institut für Angewandte Maßregeltechnik der University of Dodge City (Prof. Dr. Liebherr Bumke)
- Institut für Internationale und Vergleichende Cuisinistik (Prof. Dr. Karl S. Magen-Bitter)
- Union of National Scientific Information Nils and Nothings *(Unsinn)* (Prof. Aloysius Mogel-Vogel, Ph.D.)

Spezielle Arbeitsgruppen (aus Kooperationsverpflichtungen und interdisziplinären Gründen entstanden) des Instituts sind:
- Arbeitskreis für alles Gute (mit dem Aufbau einer Bürgerinitiative gegen die Abschaffung des Sommers beschäftigt; z.Zt. in den Herbst- und Winterferien)
- Projektgruppe für Angewandte Cuisinistik (letztmalig gesehen an einem Bratwurststand im Süden Berlins)
- Fachnormenausschuß für Verbalinjurien

Forschungs- und Entwicklungsprojekte des Instituts sind:
1. Abgeschlossene Projekte
- Feststellung der verdauerfreundlichsten Oberfläche (vulgo: Pelle) der drei gängigsten Typen Frankfurter Würste. (Siehe: *Des Pudels Kern,* Nr. 3, S. 4).
- Der Mensch als solcher und seine Herstellung im speziellen. (Siehe: *Des Pudels Kern,* Nr. 1, S. 3, insbesondere beachte das Ergebnis: ... Der Mensch ist der einzige rückkopplungsstabilisierte multifunktionale

Abbildung 1: Organisationsplan des Instituts für Wesentliches
(*Quelle*: Eigene Erhebungen)

Abt. *Allgemeines*	Abt. *Besonderes*	Abt. *Innerliches*
Unterabt. *Grundsätzliches* – Referat für *Erhebliches* – Referat für *Unsägliches*	Unterabt. *Nutzloses* – Referat für *Wissenschaftliches*	Unterabt. *Protokollarisches*
Unterabt. *Eigentliches*	Unterabt. *Einheitliches*	Unterabt. *Technisches*
Unterabt. *Unverbindliches*	Unterabt. *Gegensätzliches*	Unterabt. *Organisatorisches*
Unterabt. *Bleibendes* – Referat für *Beharrliches* – Referat für *Übliches* – Referat für *Unabwendliches*	Unterabt. *Eigentümliches*	
Unterabt. *Vergängliches*	Unterabt. *Verderbliches*	
	Unterabt. *Erbauliches* – Referat für *Genüßliches* – Referat für *Sinnliches* – Referat für *Übersinnliches* – Referat für *Besinnliches*	

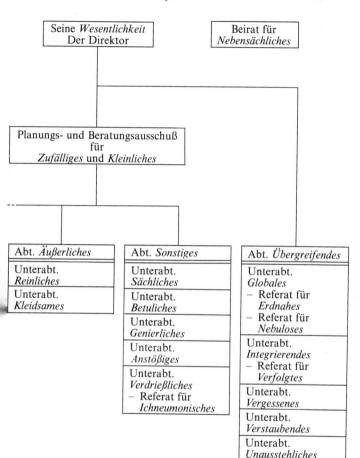

Servomechanismus, der in Massenproduktion von un-
gelernten Arbeitern hergestellt werden kann.)
- Entwicklung der Buchentstaubungsanlage Modell Pu-
stefix 7801. (Siehe: Kern-Forschungsberichte Band 1)
- *Win* 008 (Wesentliche Injurien Norm) „Maße und
Toleranzen"

2. *Laufende Projekte*
- Fallstudie über die Integration funktionsloser Hoch-
schullehrer in ein universell ergatives Biotop sozioöko-
nomischer Isolate. (Siehe: Mitteilsames Nr. 1 vom
9.6.1977)
- Informationsbarrieren bei der Verwendung basischer
Destillate in Zonen ariden Klimas. (Siehe: *Des Pudels
Kern,* Nr. 1, S. 3)
- Sinnliches und Unsinnliches im Lichte der eigentlichen
Wesentlichkeit, gleichzeitig als ausdrückliches Maß
für das Hinderliche in der zwischenmenschlichen
Kommunikation. Ein Kooperationsprojekt mit der
Unsinn. (Siehe: *Des Pudels Kern,* Nr. 1, S. 3 und Nr. 3,
S. 3)

3. *Geplante Projekte*
- Die Herstellung der „multifunktionalen Servomecha-
nismen" (siehe unter 1.) in Heimarbeit. Eine Feld-
studie unter Berücksichtigung sozialökonomischer,
marktwirtschaftlicher und ergonomischer Aspekte.
(Siehe: *Des Pudels Kern,* Nr. 1, S. 3. Das Projekt konnte bisher nicht gestartet werden, da die geplante neun-
monatige Laufzeit auf Wunsch der Direktion des Instituts um zwei Monate verkürzt werden soll)
- Die Form des Regentropfens im Wandel der Zeiten.
(Siehe: *Des Pudels Kern,* Nr. 4, S. 7. Die Projektgruppe
sucht noch immer einen Schirmherren für das Projekt!)

- Das *Entliche* im *Wes* als *Unentliches* im *Wes-Entlichen* des *Unwes*. Eine *Un*-Studie über *Fugliches* in der Philosophie des *Wesentlichen*.
- Die Übersetzung wissenschaftlicher Redewendungen. (Siehe: *Des Pudels Kern,* Nr. 4, S. 3)
- Führungskräfte auf der Wiener Walze. Ausmaße außerberuflichen Pendlerverkehrs.
- Wege zur Realisierung der Erdvergrößerung. (Siehe: Kern-Forschungsberichte Band 1)
- Rationalisierung im Konzertleben. (Siehe: *Des Pudels Kern,* Nr. 1, Projekt-Vorlaufstudie)

Zur internationalen Wettbewerbsfähigkeit der deutschen Nationalökonomie

vom

Schwachverständigenrat zur Begutachtung
der gesamtwirtschaftlichen Verwicklungen

101. Schon seit jeher kann und muß die Frage, ob die deutsche Nationalökonomie international wettbewerbsfähig ist, nicht anders als mit einem eindeutigen Ja beantwortet werden. Was Sorge bereitet, ist die Tatsache, daß es immer schwerer fällt, dieses Urteil zu belegen.

Wir widmen einen Abschnitt dieses Gutachtens dieser Frage. Wir weisen dabei darauf hin, daß es zwar sinnvoll und notwendig ist, für eine solche Untersuchung das hochentwickelte Analyseinstrumentarium der deutschen Nationalökonomie voll zu nutzen – ohne daß wir dies hier mehr als andeutungsweise leisten könnten. Ebenso wichtig ist aber der Hinweis, daß solche Methoden überall dort, wo sie zu unplausiblen Ergebnissen führen, durch weiter reichende Überlegungen insbesondere enuretischer und teleologischer Art zu ergänzen sind.

102. Eine rein quantitative Analyse kann, an verschiedenen Befunden anknüpfend, zu verschiedenen Schlußfolgerungen führen.

Auf der Habenseite mögen manche die folgenden Beobachtungen buchen:

- Die Auslandsauflage deutscher nationalökonomischer
  Fachbücher und Fachzeitschriften hat sich 1984 gegenüber dem Vorjahr stärker als die deutsche Ausfuhr
  insgesamt, nämlich um 16 vH erhöht.
- Eine zunehmende Anzahl deutscher Nationalökonomen wird ins Ausland exportiert. Insbesondere die
  Vereinigten Staaten – ein Land mit einem gemeinhin
  als hoch angesehenen Niveau der Nationalökonomie
  – nahmen 1984, bereinigt um die Auswirkungen des
  verzerrten Dollarkurses, rund 25 vH mehr deutsche
  Ökonomen auf als 1983.
- Die Produktivität im deutschen nationalökonomischen Gewerbe, gemessen als Seiten pro Mannstunde,
  zeigt – besser als die aus linguistischen Gründen stark
  unterzeichnende „Wörter-Produktivität" oder gar die
  „Sätze-Produktivität" – in den letzten Jahren einen
  erheblichen Fortschritt, auch wenn der in den Vereinigten Saaten erreichte Standard noch deutlich
  untertroffen wird.

Negativ zu Buche schlagen auf der anderen Seite insbesondere die folgenden Befunde:

- Die Durchdringungen des deutschen Marktes für
  nationalökonomische Erzeugnisse, vor allem Print-
  medien, ist nach wie vor recht hoch.
- Verschiedentlich durchgeführte Sortimentsanalysen
  ergeben kein sonderlich günstiges Bild der Angebots-
  struktur des deutschen nationalökonomie-produzie-
  renden Gewerbes. Die deutschen Erzeugnisse fallen
  fast ausnahmslos in die Kategorie der Einfachprodukte (verbale Darstellungen, Grundrechenarten). Im

mittleren Marktsegment (höhere algebraische Methoden) herrschen angelsächsische Anbieter vor. Auf der höchstentwickelten Ebene, für die hier beispielhaft nur die transzendentale Ökonometrie genannt sei, dominieren überraschenderweise Anbieter aus der Dritten Welt, vor allem aus Indien.

103. Gegen jedes dieser Argumente lassen sich nun aber schwerwiegende Einwände erheben.

– Hinsichtlich des Exports deutscher nationalökonomischer Druckerzeugnisse wird zu Recht darauf hingewiesen, daß die hohe Steigerungsrate vor dem Hintergrund einer niedrigen Basis zu sehen ist. Dennoch läßt sich aus einem genaueren Blick auf die Daten Zuversicht schöpfen: Ganze 150 v.H. des Zuwachses (das sind 12 Stück) stellen zusätzliche Exporte in die Volksrepublik China dar, in ein Land also, dessen Ökonomiemarkt unabsehbare Entwicklungschancen bietet und das im nationalökonomischen Theorienwettbewerb von strategischer Bedeutung sein könnte.
– Hinsichtlich des Exports deutscher Nationalökonomen ist darauf zu verweisen, daß es sich hierbei meist um Rohprodukte handelt, die auch in den meisten Fällen nicht wirklich exportiert, sondern vielmehr einer Lohnveredlung unterworfen werden.
– Als sehr fragwürdig müssen alle Methoden der Produktivitätsmessung angesehen werden. Vernünftigerweise wäre statt der erzeugten Textmenge die erzeugte Sinnmenge zu messen, die Verfahren hierzu stecken allerdings noch in den Kinderschuhen. (So erbrachte eine Sinnanalyse des hier vorliegenden Textes einmal einen Informationsgehalt von $+2,473$ Megabyte, ein-

mal einen von Null. Mit einem anderen Verfahren wurden dann sogar − 8,6 Gigabyte gemessen.)

- Ähnlichen Beschränkungen unterliegen Aussagen über die Marktanteile ausländischer Anbieter in der Bundesrepublik. Letztlich wäre auch hier zu messen, wieviel Sinn der deutsche Käufer absorbiert. Die Absorption von Sinn in diesem Sinn dürfte zunehmend im Abnehmen begriffen sein. Daß die importierte Gütermenge auf die nachlassende Attraktivität des Inhalts nur sehr träge reagiert, dürfte mit darauf zurückzuführen sein, daß der größte amerikanische Anbieter, unterstützt durch den hohen Dollarkurs, Dumpingpraktiken anwendet; die Produkte dieses Anbieters sind ihrer vorwiegenden Verwendung nach angesichts des inzwischen erreichten Preisvorteils denn auch eher als Konkurrenz für die heimischen Hersteller von Dekorationsartikeln denn als Konkurrenz für die heimische nationalökonomische Produktion anzusehen.

- Die Sortimentsanalyse ist durchweg mit Schwächen behaftet, die sich daraus ergeben, daß die Klassifizierung der Produkte einerseits meist zu grob, andererseits über weite Strecken willkürlich ist. Insbesondere wirkt die gängige Einstufung verbaler Erzeugnisse in die Kategorie der Einfachprodukte, auf der anderen Seite die schematische Zuordnung der transzendentalökonometrischen Methoden zur höchsten Kategorie sich regelmäßig zuungunsten der deutschen Position aus. Wie sich am jüngsten und vielleicht zukunftsträchtigsten Produkt deutscher Ökonomen, der Theorie der einfachen Wahrheiten, zeigt, können auch rein verbale Erzeugnisse einen Grad von Transzendentalität erreichen, der dem hochentwickelter formaler Theorien in nichts nachsteht.

104. Ergibt die vorausgegangene Analyse ein zwar überwiegend positives, aber doch im ganzen nicht allzu positives und teilweise sogar geradezu negatives, jedenfalls ein wenig eindeutiges Bild, so darf daraus keineswegs gefolgert werden, daß dieses Bild ein getreues Bild ist. Ein solcher Schluß würde nicht nur an elementaren Erkenntnissen der Erkenntnistheorie, sondern auch und nicht nur zuletzt, sondern sogar vor allem an nicht mehr und nicht weniger als einem in diesem Zusammenhang von gewisser, irrtümlich meist unterschätzter, tatsächlich aber schwerlich zu unterschätzender Bedeutung seienden/wesenden, in jedem Falle immerhin erwähnenswerten Faktum vorbeigehen, dem Faktum nämlich, daß Wettbewerb immer und überall ein dynamisches Phänomen ist. Wer Wettbewerb sagt, muß auch dynamisch sagen, wer Wettbewerb denkt, muß auch dynamisch denken.

105. Im Bereich nationalökonomischer Produkte sind die Produktzyklen typischerweise kürzer geworden (auch wenn dies oft in der Form abläuft, daß ein Produkt seine Lebensdauer bereits lange vor Erreichen der Ausreifungsphase beendet). Dies läßt dem imitierenden Wettbewerb meist nur geringe Gewinnmöglichkeiten. Für die deutschen Anbieter kommt hinzu, daß ihnen der Weg, als Imitator den Innovator preislich zu unterbieten, in der Regel nicht offensteht.

Dennoch bietet diese Sachlage eine gute Chance. Ein imitierender Anbieter hat Absatzchancen auf Märkten, auf denen das Originalprodukt nicht oder noch nicht bekannt ist. Das Marktsegment, für das dies zutrifft, scheint – jedenfalls innerhalb des deutschen Binnenmarktes – im Wachsen begriffen. Und er hat Absatzchancen auf Märkten, auf denen das Originalprodukt schon wieder in Vergessenheit geraten ist. Auch hier dürfte die deutsche Nationalökonomie aufgrund ihres traditionell langen Imitationslags über ein beträchtliches Potential verfügen.

Der alte Trapper

nacherzählt von Hans Günther Zempelin

Ein alter Trapper bereitete sich im hohen Norden Kanadas auf den Winter vor, hackte fleißig Holz und stapelte es vor seiner Hütte. Vorsichtshalber fragte er einen des Weges kommenden Eingeborenen nach den Aussichten für den Winter; es sei mit der üblichen Winterkälte zu rechnen, war die Antwort. Der Trapper stapelte noch etwas mehr Holz und stellte kurz danach die gleiche Frage an den zufällig vorbeikommenden Häuptling. Zu seinem Erstaunen erfuhr er, daß der Häuptling mit einem ziemlich strengen Winter rechnete. Der Trapper stapelte noch mehr Holz. Bald darauf kam der Oberhäuptling vorbei, und wieder fragte der Trapper nach den Aussichten für den bevorstehenden Winter. Diesmal hörte er, es werde einen ganz außergewöhnlich kalten und langen Winter geben. Während der Trapper noch mehr Holz hackte, fragte er den Oberhäuptling, woher er und seine Stammesmitglieder wüßten, wie kalt ein Winter würde; sie müßten doch dafür über einen ganz besonderen Instinkt verfügen. Der Oberhäuptling antwortete, er und seine Stammesgenossen hätten überhaupt keinen besonderen Instinkt, aber wenn ein erfahrener Trapper so viel Holz stapele, müsse der bevorstehende Winter schon besonders streng werden.

Zur Produktivität Ottobeurer Forschung[*]

von
Klaus F. Zimmermann

0. Vorbemerkungen

Das Referat von B. GAHLEN (1985) lag mir erst wenige Stunden vor dem Vortrag vor. Dabei handelte es sich nicht um einen ausgearbeiteten Redetext, sondern nur um eine (mündlich interpretierte) Zusammenstellung von Daten, Tabellen und Resultaten. Meine Anmerkungen und Anregungen in Abschnitt 1 sowie die in Abschnitt 2 entwickelte short hand-Theorie können deshalb nur sehr oberflächlichen und vorläufigen Charakter haben. Wenn ich es dennoch riskiere, diese Ausarbeitung der breiten Fachwelt von Ottobeuren vorzulegen, dann deshalb, um Denkanstöße zu geben und weitere Forschung anzuregen.

Der Vortrag von GAHLEN (1985) ist der wahrscheinlich wichtigste Beitrag des 15. Ottobeurer Seminars.

* Leicht gekürzte Fassung meines nicht unwesentlich erweiterten Ko-Referats zu einem Vortrag von Bernhard Gahlen am Economix-Abend während des 15. Wirtschaftswissenschaftlichen Seminars Otto-beuren, 1985.

Mit seiner breiten explorativen Diktion ist er in eine
Reihe mit HANS WODENICH (1904), A.W. COATS
(1971), S.J. LIEBOWITZ (*nicht* S.J. Sliwowitz, dessen
Impakt auf einem anderen Gebiet liegt) und J.P. PAL-
MER (1984), und nicht zuletzt LIESELOTTE MEYER
(1985), d.h. den besten internationalen Beiträgen zur
*wissenschaftlichen Effizienz- und Produktivitätsfor-
schung*, zu stellen. Die Notwendigkeit *explorativer Forschung* haben bereits VICTOR/LEHMACHER/VAN EIME-
REN (1980) betont, so daß hier nicht besonders die
Wichtigkeit dieses so bedeutsamen Forschungsansatzes
begründet werden muß.

Abschnitt 1 faßt wesentliche Elemente des Gahlen-
schen Beitrages zusammen. Abschnitt 2 versucht eine
neoklassische Mikrofundierung des professoralen Ent-
scheidungskalküls. Abschnitt 3 stellt fortgeschrittene
ökonometrische Erkenntnisse vor, und Abschnitt 4
faßt bewertend zusammen.

1. B. Gahlens epochaler Beitrag

GAHLEN (1985) stellt nach sicherlich längerer For-
schungstätigkeit eine umfangreiche Studie zur Produktivität Ottobeurer Forschung vor. Das Material ist de-
tailliert, aussagekräftig und wird mit modernsten statistischen Verfahren analysiert. Die Mikrotabellierung
der Individualdaten der Teilnehmer an 14 Ottobeurer
Seminaren wird Generationen junger Forscher reichhaltiges Datenmaterial für Mikrostudien geben. Re-
gressionsanalysen, für die fast ausnahmslos t-Werte
und R^{-2}-Maße angegeben werden, finden sich sonst
nicht in allen Papieren der Ottobeurer Tagung 1985.

Die Studie liefert einige wichtige Erkenntnisse und Thesen. Die Tagungsbeiträge aus 14 Jahren zerfallen zu 50 % in theoretische und empirische Arbeiten nach den Modellen A: Datenbeschau ohne Modellansatz und B: Theorie ohne Realitätsbezug. Als leading indicator haben sich die Beiträge von OPPENLÄNDER (bis 1984: 315 Seiten) *für Gruppe A* und RAMSER (bis 1984: 303 Seiten) *für Gruppe B* erwiesen. Dies spricht für die Ausgewogenheit und Ausgeglichenheit des Seminars. Alle ökonometrischen Schätzgleichungen liefern höchst plausible Resultate. So wissen wir jetzt beispielsweise, daß mit größerer Teilnahmehäufigkeit die Zahl der übernommenen Referate, Ko-Referate und Diskussionsleitungen ansteigt, was mit den Vormeinungen völlig übereinstimmen dürfte, da die Teilnahme am Seminar die Übernahme einer Aufgabe impliziert.

Das Datenmaterial passiert eine Konsistenzprüfung. So entnimmt man GAHLEN (1985) die Schätzgleichung

$$(1) \quad TEIL = 0{,}43 + 0{,}82\,REF + 0{,}70\,KOREF + 0{,}74\,DISK,$$

mit TEIL Anzahl der Teilnahmen, REF Anzahl der Referate, KOREF Anzahl der Ko-Referate und DISK Anzahl der Diskussionsleitungen. Setzt man REF = KOREF = DISK = 0, so gilt TEIL = 0,43 (< 0,5) ≈ 0, d.h. man hat nicht teilgenommen, was korrekt ist. Allerdings muß festgehalten werden, daß der Koeffizient statistisch gesichert ist, was einen Forschungsbedarf aufzeigt.

Der sicherlich wichtigste Beitrag in GAHLEN (1985) ist jedoch das *Junkers-Gahlensche Gesetz*, das sich aus der Gleichung

(2)   PROD =   0,74 − 0,027 TEIL
             (16,6)   (−2,2)
     $R^{-2} = 0,021$ $F = 4,66$, $N = 173$

ergibt, wobei PROD ein Maß für die Produktivität ist und als (REF + KOREF)/TEIL definiert ist. N ist der Beobachtungsumfang. Bei einer Teilnahme von 0 ist die Produktivität 0,74, was ich als *natürliche Produktivität* bezeichnen möchte. Mit steigender Teilnahme am Ottobeurer Seminar *sinkt* die Produktivität. Nach 27407 Teilnahmen ist die Produktivität *statistisch gesehen Null*! Es wird Forschungsbedarf sichtbar, um das 30jährige Jubiläum Ottobeurer Tagungen zu sichern.

2. Eine Mikro-Theorie der Referatswahl

So interessant und plausibel die bisherigen Untersuchungen auch sind – ihr entscheidender Nachteil ist die fehlende Mikrofundierung. Es soll deshalb der Versuch gemacht werden, ein möglichst einfaches Modell mit klaren, griffigen Aussagen abzuleiten, das empirisch testbar ist.

Sei
(3) $U(X_1, X_2, X_0)$

die *s.q.k. Nutzenfunktion* des Forschers, dann bezeichnet X_1 die Zahl der Referate (und Koreferate), X_2 die Zahl der Diskussionsleitungen und X_0 eine Konsumaktivität. Seine *Zeitrestriktion* lautet

(4) $T = t_1 X_1 + t_2 X_2 + h,$

mit T der Gesamtzeit, t_1, t_2 festen Zeitverbrauchskoeffizienten und h der Marktarbeitszeit. Forschen in Ottobeuren ist als Produktionsprozeß modelliert, der nur Zeit erfordert.

Eine Kombination der *Budgetrestriktion*

$$(5) \qquad P_0 X_0 = wh + y,$$

wobei P_0 der Preis von X_0, y den Lehrstuhlsetat und w den Lohnsatz darstellt, mit der Zeitrestriktion (4) ergibt

$$(6) \qquad P_0 X_0 + P_1 X_1 + P_2 X_2 = wT \text{ x } y$$

mit $P_1 = wt_1$ und $P_2 = wt_2$. Maximierung von (3) unter Berücksichtigung von (6) führt zu den *Marshallschen Nachfragefunktionen*

$$(7) \qquad X_i = f_i (P_0, P_1, P_2, wT + y), \quad i = 0, 1, 2,$$

die *homogen vom Grade 0 in Preisen und Einkommen* sind.

Macht man die plausiblen Annahmen

$$(8) \qquad \frac{\delta f_i}{\delta P_0} = 0 \quad \text{für } i = 1, 2,$$

so folgt für die Nachfragefunktionen

$$(9) \qquad x_j = g_j \left(\frac{y}{w}\right); \, j = 1, 2.$$

Ist Referatehalten ein *inferiores Gut*, Diskussionsleitun-

gen hingegen ein *superiores Gut*, wofür manches
spricht, so gilt $\delta g_1/\delta(y/w) < 0$ und $\delta g_2/\delta(y/w) > 0$. Wenn
das Budget in Relation zum Lohnsatz zunimmt, sinkt
das Referatsangebot und steigt die Neigung zur Dis-
kussionsleitung.

3. Eine ökonometrische Studie

Zunächst erschien es zwingend, den aktuellen Daten-
stand von 15 Jahren Ottobeuren herzustellen und die
zentrale Aussage von GAHLEN (1985) zu reexaminieren.
Die Kennziffern PROD und TEIL konnten für alle
Individuen revidiert und der Datensatz auf 181 erweitert werden. Eine Neuschätzung des *Junker-Gahlen-
schen Gesetzes* ergab

$$(10) \qquad PROD = 0{,}70 - 0{,}022 \ TEIL,$$
$$ (17{,}6) \qquad (-2{,}0)$$
$$R^{-2} = 0{,}017, \quad F = 4{,}15, \quad N = 181.$$

Hier zeigt sich eine *evolutorische Tendenz*. Die *natürliche* Produktivität sinkt von 0,74 auf 0,70 und ist besser statistisch gesichert. Der Teil-Koeffizient sinkt (be-
tragsmäßig) von 0,027 auf 0,022 und ist schlechter (sic!)
gesichert. Analog zur Diskussion um die Phillips-
Kurve könnte hier langfristig eine *horizontale Linie* er-
reichbar sein.

Die Prüfung der in Abschnitt 2 entwickelten Theorie
erwies sich als sehr schwierig, da verläßliches Datenmaterial über y/w nicht vorliegt. Deshalb muß zur Approximation eine Proxy-Variable gefunden werden. Es
wurde eine Dummy-Variable *Nicht-Professor* (*NP*) ge-

bildet. Sie nimmt den Wert 1 an, wenn der Forscher bei der ersten Teilnahme am Ottobeurer Seminar nicht Professor war, ansonsten ist sie Null. Gemäß der Mikrotheorie ist der Zusammenhang zwischen Produktivität (PROD) und Nicht-Professor (*NP*) *positiv*.

Diese These ließ sich unmittelbar bestätigen. Die entsprechende Schätzung ergab:

$$(11) \qquad PROD = 0{,}63 + 0{,}073 \, NP,$$
$$(14{,}7) \quad (1{,}1)$$
$$R^{-2} = 0{,}007, \quad F = 1{,}22, \quad N = 181$$

Wegen der zugegebenermaßen sehr groben Approximation durch *NP* ist der Koeffizient statistisch schlecht gesichert. Wie bekannt, muß in einer Forschungssituation mit schlechtem Datenmaterial ein Ausgleich über die Wahl *fortgeschrittener ökonometrischer Techniken* gefunden werden. Es wird deshalb der Ansatz einer multiplen Regression gewählt und zunächst die Heterogenität der Individuen berücksichtigt.

Zweifelsohne erfaßt das Sample einige Personen mit herausragender natürlicher Produktivität, sogenannter Forschungsprofessoren, die nicht ohne weiteres mit allen anderen zusammen analysiert werden können. Eine Elimination würde aber die Gefahr eines *Sample-Selection-Bias* à la HECKMAN heraufbeschwören. Ich habe mich deshalb entschlossen, diese Personengruppe mit einer Dummy-Variablen *wichtig* (*WG*) zu versehen und eine multiple Regression vorzunehmen.

Die Schätzung ergab:

$$(12) \quad PROD = 0{,}57 + 0{,}118 \, NP + 0{,}276 \, WG$$
$$(12{,}5) \quad (1{,}8) \qquad (2.7)$$
$$R^{-2} = 0{,}048, \quad F = 4{,}37, \quad N = 181$$

Der statistische Befund ist sehr befriedigend. Alle Parameter sind signifikant bei 5 % Irrtumswahrscheinlichkeit (ein-seitiger Test). Der NP-Koeffizient ist erheblich größer als zuvor. Es ist ferner als bestätigt anzusehen, daß mit der Wichtigkeit von Professoren ihre Produktivität steigt, ein auch intuitiv plausibles Resultat.

Die Erfahrung zeigt uns, daß wir aus explorativer Forschung lernen sollen, insbesondere wenn sie mit dem selben Datenmaterial durchgeführt wurde. Es wäre insofern töricht, sich gänzlich allein auf das theoretische Modell in Abschnitt 2 verlassen zu wollen. Vielmehr ist eine Integration mit Abschnitt 1 angebracht. Deshalb wurde die Gleichung

$$(13) \quad \text{PROD} = \underset{(12,4)}{0.57} + \underset{(2,4)}{0,191 \ NP} + \underset{(3,0)}{0,307 \ WG} - \\ \underset{(-1,8)}{0,045 \ NP * \text{TEIL}}$$

$$R^{-2} = 0,048, \quad F = 4,00, \quad N = 181$$

geschätzt, die eine nicht-lineare Beziehung zwischen der Teilnahmehäufigkeit (TEIL) und Nicht-Professor (NP) zuläßt. Nicht-Professoren haben zwar (siehe das theoretische Modell in Abschnitt 2) eine höhere Produktivität, sie sinkt aber mit erhöhter Teilnahme. Dies kann aus der Sicht unseres neo-klassischen Modells dahingehend interpretiert werden, daß diese Personen mit zunehmendem Alter Professoren werden und somit der nichtbeobachtete (latente) Wert von y/w zunimmt, was eine *zusätzliche Bestätigung unserer Theorie* darstellt. Für die Theorie spricht ferner die *erstaunlich gute statistische Absicherung aller Koeffizienten*, deren Qualität sich nochmals verbessert hat.

Es mag Kritik hervorrufen, daß von einer Konstanz der Produktivität aller Professoren ausgegangen wird. Diese Annahme ist sicherlich bei den WG-Professoren zutreffend und wird nicht weiter geprüft. Allerdings wird zugelassen, daß die Produktivität bei den *Nicht-WG-Professoren* (NWG) variabel ist. Es ergibt sich folgendes Bild:

$$(14) \quad PROD = 0,64 + 0,139 \, NP + 0,231 \, WG -$$
$$ (11,3) \quad (1,7) \quad\quad (2,2)$$
$$0,029 \, NP * TEIL - 0,029 \, (NP + NWG) * TEIL$$
$$(-1,1) \quad\quad\quad\quad (-2,1)$$
$$R^{-2} = 0,065, \quad F = 4,13, \quad N = 181.$$

Bei dieser Spezifikation stellt die Schätzung des Koeffizienten von $NP * TEIL$ einen Test der *Hypothese auf Gleichheit der Variabilität* der Beziehung zwischen PROD und TEIL für N-Professoren und NWG-Professoren dar. Diese Hypothese kann bei 5% Irrtumswahrscheinlichkeit nicht widerlegt werden. Die Signifikanz der Koeffizienten von NP und $(NP + NWG) * TEIL$ bestätigen wiederum die Gültigkeit des theoretischen Modells in Sektion 2.

4. Schlußfolgerungen

Die empirische Bewertungs-Forschung Ottobeurer Forschung hat nach 15 Jahren erst begonnen. Vieles bleibt zu tun, es konnten nur erste Wege gewiesen werden. Der Beitrag von GAHLEN (1985) ist dabei sicherlich herausragend. Es konnte gezeigt werden, daß das *Junkers-Gahlensche Gesetz* nicht nur statistisch belegt und neoklassisch begründbar ist, sondern daß es auch ökonometrischen Modifikationen standhält. Die bisher vorliegenden Studien haben mehr Fragen aufgeworfen, als vor Aufnahme der Untersuchungen gestellt werden konnten. Aber kennzeichnet dies nicht alle wissenschaftlich erfolgversprechenden Felder? Dies unterstreicht einmal mehr die *Notwendigkeit von mehr Ottobeurer Seminaren.*

Literaturverzeichnis

COATS, A. W. (1971): The Role of Scholarly Journals in the History of Economics: An Essay, *Journal of Economic Literature*, 9, 29–44.

GAHLEN, B. (1985): *Ohne Titel*, Manuskript, Augsburg.

LIEBOWITZ, S. J., PALMER, J. P. (1984): Assessing the Relative Impacts of Economics Journals, *Journal of Economic Literature*, 22, 77–88.

MEYER, L. (1985): Zur Effizienz der Forschung von Kleinkindern im Sandkasten. 4. und völlig revidierte Auflage. Pferd, Berlin. Schwalbach. New York.

VICTOR, N.; LEHMACHER, W.; VAN EIMEREN, W. (1980): Explorative Datenanalyse. Springer. Berlin. Heidelberg. New York. Tokyo.

WODENICH, H. (1904): Vom Glück im Unglück. Über den Glücksfall in der deutschen Forschung. Teimark & Wosch. Leipzig. Allerlei. München.

Weiterführende Literatur zu Kapitel II

BLOCH, A., *Murphy's Law and Other Reasons why Things Go Wrong*, Los Angeles 1977.

BLOCH, A., *Murphy's Law. Book Two. More Reasons why Things Go Wrong*, Los Angeles 1980.

HANSEN, W. L. und WEISBROD, N., Toward a General Theory of Awards or, Do Economists need a Hall of Fame?, *Journal of Political Economy*, 80 (1972), 422–431.

HAWAII JOINT COUNCIL ON ECONOMIC EDUCATION, *Superheroes of Macroeconomics*, Chicago 1975.

HAWKINS, R. G., RITTER, L. S., WALTER, I., What Economists Think of Their Journals, *Journal of Political Economy*, 81 (1973), 1017–1032.

HELMSTÄDTER, E. (Hrsg.), *Economix*, Münster 1976.

H. W., *Aus dem Tagebuch eines wirtschaftswissenschaftlichen Doktoranden*, Betriebswirtschaftliche Forschung und Praxis, 18 (1966), 51–52; *hier* S. 55–59.

INSTITUT FÜR WESENTLICHES (Hrsg.), *Symposionales vom 1. Symposium des Wesentlichen*, Kern-Forschungsberichte, Band 1, Berlin 1979; *hier* S. 60 – 65.

JEVONS, M., *Murder at the Margin*, Glen Ridge 1978.

KARNI, E. und SHAPIRO, B. K., Tales of Horror from Ivory Towers, *Journal of Political Economy*, 88 (1980), 210–212.

LEHNER, H., MERAN, G. und MÜLLER, J., *De Statu Corruptionis*. Entscheidungslogische Einübungen in die Höhere Amoralität, Konstanz-Litzelstetten 1980.

LEPSIUS, M. R., *Dichotomie und Duplizität*, Zeitschrift für Sozialpsychologie, 6 (1975), 179–183.

LIEBERTZ, J., *Ausgewählte Methoden der wissenschaftlichen Dialogologie*, Physikalische Blätter, 21 (1965), 70–76.

MCKENZIE, R. B., The Economics of Reducing Faculty Teaching Loads, *Journal of Political Economy*, 80 (1972), 614–619.

MENDOZA, E. (Hrsg.), *A Random Walk in Science*, The Institute of Physics, London und Bristol 1973.

NEEDHAM, D., Kommentar zu "The Economics of Reducing Faculty Teaching Loads", *Journal of Political Economy*, 83 (1975), 219–223.

N. N.[KENNETH E. BOULDING, RICHARD MUSGRAVE, and DANIEL SUITS], *Ileolanthe*. An Almost Entirely Unoriginal Comic

Opera in One Act, unveröffentliches Manuskript, Ann Arbor 1953.

PARKINSON, C. N., *Parkinsons Gesetz,* Stuttgart 1958.

PETER, L. J. und HULL, R., *The Peter Principle,* New York 1969; *dt.: Das Peter Prinzip,* Düsseldorf 1970.

RUSSEL, J., *Murphy's Law,* Milbrae 1978.

SCHWACHVERSTÄNDIGENRAT ZUR BEGUTACHTUNG DER GESAMT- WIRTSCHAFTLICHEN VERWICKLUNGEN, Im Smog des Ruhms, Sondergutachten I/1985 Wiesbaden Eigenverlag 1985; *hier* auszugsweise S. 66–71.

STREISSLER, E. Tischrede, in: *Soziale Probleme der modernen Indu- striegesellschaft,* Schriften des Vereins für Socialpolitik, Bd. 92, Berlin 1977.

III. Ethnologische Studien

Die Kultur der Ökon*

von
Axel Leijonhufvud,
University of California,
Los Angeles

Der Stamm der Ökon bewohnt ein ausgedehntes Gebiet im hohen Norden. Ihr Land erscheint dem Fremden öde und trostlos, und bei der Durchreise kommt man nur schwer voran; aber während einer langen Anpassungszeit haben die Ökon gelernt, dem Land eine Art Lebensunterhalt abzuringen. Sie zeigen eine echte und manch-

---

* Viele unserer jüngeren Leser planen – mit dem Idealismus, der für die heutige Jugend so charakteristisch ist –, ihren Lebensweg mit guten Taten zu pflastern und unter den Ökon zu leben und zu arbeiten. Der Herausgeber hielt es deshalb für wünschenswert, einen erfahrenen Ökonologen um eine Beschreibung dieses wenig bekannten Stammes zu bitten. Gewissenhafte Nachforschungen führten schließlich zum Autor der vorliegenden Abhandlung. Dr. Leijonhufvud erschien für diese Aufgabe in nahezu idealer Weise geeignet, denn er wurde vor nahezu einem Jahrzehnt in eines der entlegenen Ökon-Dörfer (Uca l) verbannt, und er war seitdem nicht nur ununterbrochen dort ansässig, sondern hat es sogar fertiggebracht, daß man ihn zum Ältesten ernannt hat (unter welchem Vorwand – außer dem, daß er sich einen grauen Bart wachsen ließ – konnte der Herausgeber nicht feststellen).

mal sogar wilde Anhänglichkeit an die angestammte Scholle, und die Jugend wird zur Verachtung für die angenehmere Lebensweise in den wärmeren Ländern ihrer Nachbarn, wie der Polwis und der Soziogs, erzogen. Trotz gemeinsamer Abstammung sind die Beziehungen zu diesen Stämmen gespannt – Mißtrauen und Verachtung, die der Durchschnittsökon für seine Nachbarn empfindet, beruhen nämlich auf Gegenseitigkeit –, und der soziale Umgang mit ihnen wird durch zahlreiche Tabus gehemmt. Das äußerst stark ausgeprägte Stammesgefühl der Ökon (um nicht zu sagen: ihre Fremdenfeindlichkeit) macht das Leben bei ihnen für den Fremden schwierig und vielleicht sogar ein bißchen gefährlich. Das erklärt wahrscheinlich die Tatsache, daß die Ökon bislang nicht systematisch erforscht wurden. Die Kenntnisse über ihre Sozialstruktur und ihre Lebensart sind bruchstückhaft und nicht gesichert. Weitere Forschungen über diesen bemerkenswerten Stamm sind dringend geboten.

Kaste und Status

Die Kenntnisse, die wir trotz allem haben, zeigen, daß die Sozialstruktur für ein so ursprüngliches Volk recht komplex ist. Die beiden Hauptdimensionen ihrer Sozialstruktur sind „Kaste" und „Status". Die grundlegende Gliederung des Stammes ist anscheinend die Gliederung in Kasten; innerhalb jeder Kaste findet man ein hochentwickeltes Geflecht von Statusbeziehungen.

Die Statusbeziehungen bilden bei den Ökon anscheinend keine einfache hierarchische „Hackordnung", wie man sie gewöhnlich erwartet. Man kann beispielsweise feststellen, daß A B hackt, B C hackt, und *dann C A hackt!* Diese Nichttransitivität des Status könnte den andauernden Hader bei den Ökon erklären, der dem Besucher ihr Zusammenleben so unerträglich erscheinen läßt. Fast alle vorliegenden Berichte von Reisenden schildern die Ökon als „streitsüchtige Rasse", die „ihre Mitmenschen hinter deren Rücken schlechtmacht", und so weiter. Die soziale Kohäsion wird offensichtlich vorwiegend durch das gemeinsame Mißtrauen gegenüber Außenstehenden aufrechterhalten. In Gesellschaften mit transitiver Hackordnung dagegen stellen wir in der Regel fest, daß sich ein Gleichgewicht herausbildet, in dem kaum je tatsächlich „gehackt" wird. Die zivilisatorische Anomalie, die wir bei den Ökon antreffen, gibt ein Rätsel auf, dessen Lösung in der gegenwärtigen ökonologischen Forschung hohe Priorität eingeräumt werden muß.

Was zunächst wie eine weitere Komplikation aussieht, die unser Verständnis für die Situation beim Ökon-Stamm erschwert, kann letztlich den Schlüssel zu diesem theoretischen Problem enthalten. Man nimmt üblicherweise nicht an, daß über Kastengrenzen hinweg „gehackt" wird, aber diese Regel gilt auch nicht ausnahmslos. Man findet nicht selten Angehörige hoher Kasten, die Angehörige niedrigerer Kasten hacken. Ein solches Verhalten gilt als nicht sehr fein, bringt aber keine formalen Sanktionen mit sich. Ein Angehöriger einer niederen Kaste, der versucht, jemanden aus einer höheren Kaste zu hacken, geht handfeste Risiken ein – schlimmstenfalls kann er geächtet werden und das Recht auf Gehör bei den Stammesversammlungen zur Wintersonnenwende verlieren.

Um die Bedeutung dieser Beobachtung zu unterstreichen, muß noch einiges über Kaste und Status bei den Ökon gesagt werden. Das Ökon-Wort für Kaste ist

„Fach". Die Kaste ist äußerst wichtig für das Selbstbild und Identitätsgefühl des Ökon, und der männliche Erwachsene, der einen Fremden trifft, stellt sich immer mit dem Satz vor „Das und das ist mein Fach". Wegen der Aversion, die die Ökon normalerweise gegen die Verwendung eines verständlichen Deutsch empfinden, ist die deutsche Wurzel dieses Ausdrucks interessant. Die deutschen Worte, die sich in ihre Sprache eingeschlichen haben, werden oft in Bedeutungen verwendet, die wir nicht wiedererkennen würden. So führt in diesem Falle die räumliche Konnotation von „Fach" völlig in die Irre, denn die Kasten leben nicht voneinander getrennt. Die grundlegende soziale Einheit ist das Dorf oder der „Efbe". Die Efbes der Ökon umfassen immer Angehörige mehrerer „Fächer". In manchen Fällen kann fast jede Kaste in einem einzigen Efbe vertreten sein.

Ein Vergleich von Statusbeziehungen in den verschiedenen „Fächern" zeigt eindeutig ein gemeinsames Muster. Das vorherrschende Merkmal, das die Statusbeziehungen der Ökon für den ernsthaften Forscher so überaus interessant macht, ist die Verknüpfung des Status mit der Herstellung bestimmter Arten von Geräten, „Modls" genannt. Der Status des männlichen Erwachsenen wird durch sein Geschick bei der Fertigung des „Modl" seines „Fachs" bestimmt. Die Tatsache, daß (a) die Ökon in hohem Maße statusmotiviert sind, daß (b) Status nur durch die Fertigung von „Modls" erlangt werden kann und daß (c) die meisten dieser „Modls" anscheinend nur geringen oder keinen praktischen Nutzen haben, erklärt wahrscheinlich die Rückständigkeit und die kulturelle Armseligkeit des Stammes. Sowohl die enge Verknüpfung des Status im Stamm mit der Herstellung von Modls als auch die Tendenz, Modls eher für zeremonielle als für praktische Zwecke zu machen, scheinen außerdem recht neue Entwicklungen zu sein. Das hat viele Beobachter veranlaßt, sich pessimistisch über die Lebensfähigkeit der Ökon-Kultur zu äußern.

Wie auch immer es in früheren Zeiten gewesen sein mag – jetzt bilden die „Fächer" der Ökon offensichtlich keine feste Rangordnung mehr. Das kann der Schlüssel zum Problem der Nicht-Transitivität des individuellen Status sein. Erstens ist manchmal die Rangordnung zweier Kasten unbestimmt. So machen die Mikro ihren Vorrang vor den Makro geltend und die Makro ihren Vorrang vor den Mikro, und man findet, daß die Ansichten von Dritten hierzu nicht festgelegt oder wenigstens nicht einmütig sind. Das wahrgenommene Prestige einer Kaste im Verhältnis zu einer anderen ist also eine nicht-reflexive Relation. In anderen Fällen ist jedoch die Rangordnung ganz klar. Beispielsweise vertritt die Priesterkaste (die Mathoniker) ein höheres „Fach" als Mikro oder Makro, während die Entwics ebenso eindeutig einen niedrigeren Rang einnehmen. Zweitens wissen wir, daß diese Kasten-Rangordnungen (wo sie sich aufstellen lassen) nicht dauerhaft sind, sondern sich mit der Zeit ändern können. Beispielsweise gibt es Anzeichen dafür, daß der hohe Rang der Mathoniker und der niedere Rang der Entwics, historisch gesehen, ziemlich junge Erscheinungen sind. Der Aufstieg der Mathoniker scheint mit der vorstehend erwähnten Neigung aller Ökon zu reicher verzierten, zeremoniellen Modls zusammenzuhängen, während der niedere Rang der Entwics der Tatsache zuzuschreiben ist, daß diese Kaste in jüngster Zeit die Tabus gegen den Umgang mit den Polwis, Soziogs und anderen Stämmen nicht streng durchgesetzt hat. Andere Ökon betrachten dies mit erheblicher Besorgnis und als Gefahr für den sittlichen Nerv des Stammes und verdächtigen die Entwics sogar, die Fertigung von Modls aufzugeben.

Die Nichttransivität des Status bei den Ökon erscheint zuerst anomal; hier haben wir aber wenigstens ein Phänomen mit bekannten Parallelen[1]. Möglicherweise ist das, was wir bei den Ökon beobachten, lediglich der Verfall einer einst geordneten Sozialstruktur, die eine feste Rangordnung der Kasten besaß, und innerhalb jeder Kaste eine völlig unzweideutige transitive Statusordnung.

Dipl, Mann und Ältester

Der junge Ökon oder „Dipl" wird erst dann unter die Erwachsenen aufgenommen, wenn er ein „Modl" gemacht hat, das einen für die Ältesten des „Efbe", in dem er seine Lehre ableistet, annehmbaren Grad der Kunstfertigkeit aufweist. Der Erwachsenenstatus wird in einer umständlichen Zeremonie verliehen, deren Einzelheiten von Dorf zu Dorf variieren. In den bedeutenderen Dörfern (der Brauch in einigen entlegenen Dörfern ist unklar) muß der junge Erwachsene überdies weiterhin sein Geschick bei der Herstellung der Artefakte nachweisen.

---

[1] Vgl. z.B. die Beobachtungen zum indischen *jajmani*-System bei Manning Nash, *Primitive and Peasant Economic Systems,* Scranton, Pa. 1966, S. 93ff., bes. S. 94: „Zum Beispiel verunreinigen sich Goldschmiede durch die Dienste, die sie den Töpfern leisten, und die Töpfer erfahren Verunreinigung von den Hirten, die sich ihrerseits durch Dienste für die Goldschmiede verunreinigen. In diesem Austausch rituell bedeutsamer Interaktion sehen sich die Goldschmiede über den Töpfern und unter den Hirten, aber die Hirten stehen unter den Töpfern, doch über der Goldschmiedekaste". Genau.

Wenn ihm das nicht gelingt, wird er des „Efbes" verwiesen, um in der Wildnis zugrunde zu gehen.

Dieser Brauch mag herzlos erscheinen, aber die Ökon sehen in ihm einen durch Tradition sanktionierten Mannbarkeitsritus und verteidigen ihn als ausschlaggebend für Stärke und Wohlfahrt des Efbes. Wenn auch die Jungen hart angefaßt werden, so kann man den Ökon doch kein fehlendes Mitgefühl nachsagen, denn sie kümmern sich in rührender Weise um die Alten. Wer einmal zum Ältesten gewählt ist, braucht nichts mehr zu tun und wird trotzdem gut versorgt.

Totems und Sozialstruktur

Ursprünglich war das Wort „Modl" bloß ein Ausdruck für ein konkretes Werkzeug; eine Betrachtung allein aus dieser Sicht wird aber den Forscher für Schlüsselaspekte der Ökon-Sozialstruktur blind machen. „Modl" hat sich zu einem abstrakten Begriff entwickelt, der die Wahrnehmung praktisch aller Sozialbeziehungen durch den Ökon dominiert – seien dies Beziehungen zu anderen Stämmen, zu anderen Kasten oder Statusbeziehungen innerhalb der Kaste. So pflegt der Ökon, wenn er beispielsweise einem Fremden erklärt, warum er von den Soziogs oder den Polwis so wenig hält, zu sagen: „Sie machen keine Modls" und es dabei zu belassen.

Die beherrschende Rolle von „Modl" wird vielleicht am besten veranschaulicht durch die vorliegenden (leider sehr unvollständigen) Beschreibungen der Beziehungen zwischen den beiden größten Ökon-Kasten, der „Mikro" und der „Makro". Jede Kaste hat ein einfach angelegtes Grundmodl, und die Modls, die die einzelnen Kastenangehörigen machen, sind Variationen über das vom

Grundmodl der Kaste vorgegebene Thema. Auch hier findet man, daß die Ökon die soziale Beziehung – in diesem Falle die Beziehung zwischen zwei Kasten – durch das betreffende Modl definieren. So pflegt ein Mikro-Ökon, wenn er gefragt wird, warum die Mikro und die Makro nicht untereinander heiraten, zu antworten: „Sie machen ein anderes Modl" oder „Sie kennen nicht das Mikro-Modl". (Damit hat er übrigens völlig recht, aber er kennt natürlich genausowenig das Makro-Modl.)

Mehrere Beobachter haben sich über die offenbare Unmöglichkeit geäußert, einem Mitglied eines „Fachs" eine zusammenhängende und verständliche Beschreibung des Unterschieds zwischen seiner Kaste und einer anderen Kaste zu entlocken, die sich nicht letztlich auf die bloße Behauptung reduziert, daß die Modls verschieden sind. Dies scheint die Position derjenigen beträchtlich zu stärken, die das Grundmodl als *Totem* der Kaste ansehen; zweifellos sind jedoch weitere Untersuchungen über diese Frage nötig. Es sollte festgehalten werden, daß die Schwierigkeit bei der Klärung dieser umstrittenen Frage nicht aus einem Tabu gegen die Erörterung von Kastenangelegenheiten mit Fremden erwächst. Die Ökon sind alles andere als zurückhaltend und verbreiten sich in der Regel recht redselig über das Thema. Das Problem liegt darin, daß das, was sie zu sagen haben, fast nur in der Äußerung von Kastenvorurteilen elementarster Art besteht[2].

---

[2] Diese Beobachtung ist alles andere als neu. Man findet sie beispielsweise aufgezeichnet in Machluyps *Reisen* im Bericht über „Die Reise des H.M.S. Semantick zur Küste von Ökonland".

Dem ungeschulten Auge werden die Totems wichtiger Kasten oft beinahe identisch erscheinen. Die große soziale Bedeutung, die die Ökon selbst geringfügigen Unterschieden beimessen, hat die Ökonographie (das Studium von Kunst und Handwerk der Ökon) zum zentralen Arbeitsgebiet moderner Ökonologie gemacht. Betrachten wir zur Veranschaulichung die Totems der Mikro und der Makro. Beide könnten oberflächlich als zwei geschnitzte, in der Mitte etwa scherenförmig zusammengefügte Stäbe beschrieben werden (vgl. Abbildung 1).

Abbildung 1-a.   *Abbildung 1-b.*
Totem der Mikro   Totem der Makro

Es   De   Elem   I'es

Bestimmte Zeremonien im Zusammenhang mit diesen Totems sind für uns wegen der Hinweise, die sie auf den Ursprung des Modl-Machens bei den Ökon geben, von großem Interesse. Unglücklicherweise haben wir von diesen Zeremonien nur bruchstückhafte Berichte verschiedener Reisender, und die Erklärungen des Gesehenen, die diese ungeübten Beobachter zu geben versuchen, widersprechen einander oft. Hier ist eine systematische Untersuchung dringend geboten.

Die folgende skizzenhafte Darstellung der „Schürf"-Zeremonie bei den Makro führt dem Leser einige Rätsel vor Augen, die zur Zeit die einschlägig arbeitenden Ökonologen verwirren:

Der Älteste ergreift den Elem mit der linken Hand und den I'es mit der rechten, streckt das Totem mit leicht angewinkel-

ten Ellenbogen vor sich aus und schreitet in gerader Linie –
wobei er in den Worten ihres Rituals[3] „weder nach links noch
nach rechts blickt" – über das gewählte Gelände. Die Dipls
des Dorfes springen zuerst fröhlich um ihn herum, verstum-
men dann aber, wenn der Zug länger und ermüdender wird.
Diesmal war er tatsächlich lang, und das Terrain war schwierig … die Dipls folgten in einer langen, mürrischen und
durchnäßten Reihe ihrem Anführer, der, Schweißperlen auf
der Stirn, das Gesicht in wilder Entschlossenheit verzerrt,
über die Hindernisse auf seinem Weg vorwärtsstolperte …
Schließlich vibriert das Totem, pendelt dann immer stärker;
endlich zeigt es, bebend, gerade nach unten. Der Älteste
wartet, bis sich die Dipls um ihn versammeln, und verkündet
dann sehr feierlich: „Siehe, die Wahrheit und Macht des
Makro".

Ein Bericht wie dieser verdeutlicht zweifellos, warum
sich an der Hauptthese der „instrumentalistischen"
Schule eine so schwerwiegende Kontroverse entzünden
konnte. Diese einflußreiche ökonographische Schule vertritt die Ansicht, daß die Kunst des Modl-Schnitzens
ihren historischen Ursprung in der Fertigung von Werk-
zeugen und brauchbaren „Instrumenten" hat und daß
Zeremonien wie die oben beschriebene in ritueller Form
den Gebrauch widerspiegeln, der einst tatsächlich von
diesen Instrumenten gemacht wurde.

---

[3] Der gleiche Wortlaut erscheint im entsprechenden Mikro-
Ritual. Es wird berichtet, daß die Makro unter sich das Schürfen der Mikro schlechtmachen und sagen, daß die Mikro „es
nicht lassen können, nach rechts zu schielen". Die Mikro ihrerseits behaupten, daß die Makro „nach links schielen". Niemand
hat eine vernünftige Hypothese zur Erklärung dieser sonderba-
ren liturgischen Streitfrage bei der Hand. Die Wahrscheinlich-
keit spricht dafür, daß weit hergeholte Erklärungen fehl am
Platze sind und daß man die Auseinandersetzung einfach als
weiteres Beispiel für das dauernde Gezänk der Ökon hinnehmen
muß.

Die „instrumentalistische" Hypothese mag phantastisch erscheinen; es wäre jedoch unklug, sie deshalb von der Hand zu weisen. Ob man das Makro-Modl als ursprünglich „nützliches Instrument" betrachten kann, dürfte in erster Linie davon abhängen, ob das „Schürfen", das in der beschriebenen Zeremonie ritualisiert ist, konkrete Ergebnisse bewirkt. Die Makro selbst bleiben dabei, daß sie auf diese Weise Gold finden. Einige Reisende und Forscher treten für die Behauptung ein, andere tun sie als bloße Folklore ab. Man stößt hier auf fast die gleichen Probleme wie bei dem Versuch, sich ein Bild über die Wünschelruten-Methode der Wassersuche zu machen. Viele behaupten, daß es funktioniert – aber niemand hat je eine wissenschaftliche Erklärung dafür gehabt, warum es funktioniert.

Uns liegen in der Tat einige, offensichtlich verläßliche, Augenzeugenberichte dafür vor, daß die Makro wirklich auf Gold gestoßen sind. Zwar bestreiten skeptische Kritiker nicht die Glaubwürdigkeit aller derartigen Berichte, man argumentiert aber, daß sie mit Vorsicht zu genießen sind. Beispielsweise heißt es, daß das Ökon-Wort für „Gold" jedes gelbliche Mineral bezeichnet, sei es auch noch so wertlos. Einige Ökonologen behaupten außerdem, daß die Schürfzeremonie selten, wenn überhaupt jemals, auf unbekanntem Gelände abgehalten wird und daß deshalb die Augenzeugen lediglich über die „Entdeckung" von Adern berichtet haben, die den Makro seit Generationen bekannt sind.

Man ist versucht zu fragen, wie sich der Brauch halten kann, wenn er keine Grundlage hat. Die Antwort ist einfach und wird für den nicht unerwartet ausfallen, der mit früheren Untersuchungen zu den Glaubenssystemen von Naturvölkern vertraut ist. Es sind Beispiele dafür bekannt, daß die Zeremonie überhaupt keine konkreten Resultate bewirkt hat. In derartigen Fällen nimmt der Makro eine von zwei Positionen ein. Entweder beschuldigt er den Stammesangehörigen, der die Zeremonie ausführt, das Ritual im einen oder andern Detail nicht richtig befolgt zu haben, oder er verteidigt die Behauptung, daß das Gold da ist, und argumentiert, daß nicht tief genug danach gegraben wurde[4].

Es ist völlig klar: gleichgültig, welche Position man auch einnimmt – die Erscheinungen werden in dem Sinne „gerettet", daß die Rolle des Totem im Überzeugungssystem der Klaste unangetastet bleibt.

Mythen und Modls

In den letzten Jahren hat das Interesse an Kontroversen darüber nachgelassen, ob bestimmte Modls der Ökon

---

[4] Die zweite Rationalisation ist die angenehmere, weil sie einer anderen Kaste die Schuld gibt, nämlich den Eau-Maitrises oder O'Metris (die Transkriptionen variieren), die die Kärrnerarbeit für die Makro und für die Mikro leisten.
Die „Kärrner"-Kaste ist von besonderem Interesse für alle, die sich mit der Unterentwicklung der Ökon befassen. Traditionsgemäß durften die O'Metris, die niederste Ökon-Kaste, nur die schmutzigsten manuellen Arbeiten ausführen und hatten – was in den Augen der Ökon bedeutsamer ist – kein eigenes Totem. In neuerer Zeit jedoch beginnt durch eben diese Kaste die Industrialisierung bei den Ökon Fuß zu fassen. Frei von den Vorurteilen, die eine auf Modl-Schnitzen und die damit verbundenen totemistischen Anschauungen konzentrierte Erziehung einflößt, haben die O'Metris bereitwillig moderne Maschinen übernommen und sind beispielsweise recht bewandert in der Bedienung von Tastaturen, Druckern und Platten geworden. Wie zu erwarten, sieht der Rest des Stammes diese früher Unberührbaren, die jetzt die Führung bei der Industrialisierung übernehmen, mit einer Mischung aus Verachtung und Neid an.

„funktionieren" oder nicht (oder in welchem Sinn man sagen kann, daß sie „funktionieren"). Das liegt sicher nicht daran, daß die Angelegenheit geklärt wäre – man kann ruhig sagen, daß wir heute unsicherer denn je sind, wie man die Fragen der Instrumentalisten zu beantworten hätte. Es liegt eher daran, daß sich unsere methodologische Perspektive verändert hat und die instrumentalistische Fragestellung nicht länger als fruchtbar für „gute" Fragen angesehen wird. Die „Neue Ökonologie" betont bekanntlich das *Verstehen* und weist infolgedessen Versuche zurück, die Überzeugungssysteme der Ökon nach rationalistischen, der modernen Naturwissenschaft entwendeten Kriterien zu beurteilen[5].

Es ist immer deutlicher geworden, daß die Ökon mit jedem Modl bestimmte, für sie bedeutsame Überzeugungen assoziieren – unabhängig davon, ob sie auch behaupten, daß dieses Modl ein „brauchbares Werkzeug" ist oder nicht. Es führt uns in eine Sackgasse, wenn wir auf der Suche nach dem Verständnis für die totemistische Kultur dieses Volkes an der „Brauchbarkeit" ansetzen. Das wird besonders deutlich, wenn wir die Kaste der Mathoniker betrachten.

Die Mathoniker sind in vieler Hinsicht die faszinierendste und zweifellos die farbigste Ökon-Kaste. Es herrscht heute eine beträchtliche Unsicherheit darüber, ob die Bezeichnung „Priester" für diese Kaste wirklich zutrifft. Aber es ist wenigstens leicht zu verstehen, wie die ersten Reisenden dazu kamen, sie als Priester anzusehen.

---

[5] Claude Lévi-Strauss, *Das wilde Denken*, Frankfurt/M. 1973, sollte hier als Pflichtlektüre für jeden genannt werden, der sich ernsthaft für die Überzeugungssysteme der Ökon interessiert.

Der Durchschnittsökon legt gegenüber den Mathonikern eine zutiefst ehrerbietige Haltung an den Tag; daneben zeigen die Mathoniker selbst viele kulturelle Verhaltensmuster, die wir bei anderen Völkern mit religiösen Orden oder Sekten in Zusammenhang zu bringen gewohnt sind. So finden sie an einer Armut Gefallen, die sogar nach Ökon-Begriffen äußerste Armut ist – und das offensichtlich aus freien Stücken und nicht unter Zwang. Man erzählt, daß sie sich zur Abhärtung regelmäßig splitternackt hinaus in die frostigen Winde der Abstraktion wagen, die dortzulande vorherrschen. Bei den übrigen Ökon, die gewöhnlich dick in wollene Kleidung eingemummt umherziehen, werden sie wegen dieses Brauchs sehr bewundert. Außerdem ist Glossolalie – die Fähigkeit, die gleiche Sache in mehreren verschiedenen Zungen[6] zu sagen – bei ihnen ein hochgeschätztes Talent.

Die Mathoniker machen erlesene, schön aus Walras-Knochen geschnitzte Modls. Exemplare ihrer besten Meister [7] werden nach einmütiger Meinung der Ökonographen als in Rohmaterial und Ausführung unübertroffen angesehen. Wenn einige davon „brauchbar" sind – und sogar das Zeugnis der Ökon bleibt in diesem Punkte geteilt – dann ist das offensichtlich nur Zufall, aber nicht

---

[6] D.h. in mehreren Mathoniker-Zungen – die indogermanischen Sprachen beispielsweise zählen nicht.

[7] Der angehende Sammler von Ökonographica sei darauf hingewiesen, daß die meisten Arbeiten, die man heute im Handel findet, Nachahmungen sind und von Lehrlingen gemacht werden. Vieles davon ist trotzdem etwa den roh geschnitzten Totems der Makro ästhetisch überlegen und ganz bestimmt den ungeschlachten, maschinengefertigten Modls, die heutzutage von den O'Metris, die auf keine künstlerische Tradition zurückgreifen können, exportiert werden.

der eigentliche Grund, aus dem diese Modls gemacht werden.

Es gab in den letzten Jahren viele Debatten darüber, ob bestimmte Ökon-Modls und die dazugehörigen Überzeugungssysteme am ehesten als religiös, folkloristisch und mythologisch, philosophisch und „wissenschaftlich" oder als Sport und Spiel anzusehen sind. Jede Interpretation hat renommierte Ökonologen als lautstarke Befürworter, aber in der Diskussion wurden nur geringe Fortschritte erzielt. Die zeremonielle Verwendung von Modls (siehe oben) und der Reichtum der Ökon-Kultur an Ritualen wurden lange als Beleg für die religiöse Interpretation angesehen. Aber, in den Worten eines Kommentators: „Wenn diese Überzeugungen religiöser Natur sind, dann ist es eine offenbar glaubenslose Religion". Die Interpretation scheint an diesem Widerspruch in sich gescheitert zu sein und steht gegenwärtig nicht hoch im Kurs. Interessanter sind die Argumente derjenigen, die sich dazu durchgerungen haben, gewisse Überzeugungssysteme der Ökon als eine Form quasi-wissenschaftlicher kosmologischer Spekulation anzusehen. Ein Beispiel: Frau Robinsons Beschreibung der „Lehre des Ka", wie sie sie nennt – diese Lehre herrscht bei den Bewohnern der angesehenen und mächtigen Dörfer vor – ruft zwangsläufig die Debatten der alten ionischen Philosophen darüber ins Gedächtnis, ob Wasser, Luft oder Feuer der „Grundstoff" der Welt sein. Die Lehre des Ka hat in der Tat auffällige Ähnlichkeiten mit den Lehren Anaximanders[8]. Es ist ferner bekannt, daß in einigen

---

[8] ARTHUR KOESTLER, *Die Nachtwandler*, Bern u.a. 1959, S. 21, faßt Anaximanders Lehren geschickt zusammen: „Den Rohstoff (des Universums) bildet keine der vertrauten Mate-

anderen Efbes, deren Hütten rosa oder rot bemalt sind, eine „Lehre des Em" vermittelt wird, aber wir haben von ihr bislang keine verständliche Darstellung und wissen wenig über sie. Vertreter der kosmologischen Auffassung stützen ihre Argumente durch den Hinweis auf die Ähnlichkeit zwischen den Mathonikern und der pythagoräischen Bruderschaft. Sie weisen darauf hin, daß die Mathoniker, ob sie es wissen oder nicht, das alte pythagoräische Prinzip befolgen: „Philosophie muß so betrieben werden, daß ihre inneren Geheimnisse gelehrten Männern, bewandert in der Mathematik, vorbehalten bleiben".

Die Sport-und-Spiel-Interpretation hat infolge von Berichten über die Modl-Zeremonien der Wissassi-Kaste[9] eine gewisse Verbreitung erlangt. Aber selbst hier findet man, daß die Zeremonie – obwohl ihr alle äußerlichen Anzeichen eines Spiels zukommen – für die Teilnehmer etwas von einer mittelalterlichen Moralität an sich hat, die in wesentlichen Punkten ihre Weltanschauung formt.

---

rien; es ist eine Substanz ohne deutlich erkennbare Eigenschaften, außer ihrer Unzerstörbarkeit und ewigen Dauer. Aus diesem Stoff hat sich alles entwickelt, in ihn kehrt alles zurück. Bereits vor unserer Welt existierten unendliche Mengen anderer Welten, die sich in gestaltlose Masse auflösten". Wenn man diese primitive Lehre mit moderner Terminologie zu würdigen hätte, müßte man Anaximander in die „putty-putty, bang-bang" Kategorie einordnen.

[9] Ein Beobachter verwendet bei seinem Bericht über diese Zeremonie ausdrücklich die Terminologie der Gesellschaftsspiele: „Jeder Spieler bekommt zwei Länder, zwei Güter, zwei Produktionsfaktoren, und eine sogenannte Bowley-Box ..." usw., usw. und vergleicht auch das Wissassi-Spiel hinsichtlich seiner intellektuellen Ansprüche mit dem Damespiel.

Die Ökon und die Zukunft

Man würde seiner Verantwortung gegenüber dem Volk der Ökon nicht gerecht, wollte man diese kurze Skizze ihrer Lebensweise und ihrer Gesellschaft ohne ein paar Worte über ihre Zukunft beschließen. Die Aussichten für die Ökon sind trübe. Ihre Sozialstruktur und ihre Kultur sollten jetzt erforscht werden, bevor sie für immer dahin sind. Selbst eine oberflächliche Darstellung ihrer drückensten gegenwärtigen Probleme liest sich ganz wie eine Aufzählung der Leiden von Naturvölkern in der Gegenwart.

Sie sind arm – außer einer winzigen Minderheit –, kläglich arm. Die Wachstumsrate ihrer Bevölkerung gehört zu den höchsten in der Welt. Das Land der Ökon ist ziemlich reich, aber sie haben einen Großteil seiner Schätze, ihres angestammten Eigentums, für Glasperlen an fremde Interessenten verkauft. Viele aus der jungen Generation suchen ihr Heil im Feuerwasser oder schließen sich der Heilslehre des Em an. Ihre Armut bewahrt die Ökon nicht einmal vor den Problemen reicherer Nationen – Reisende berichten von Dörfern, die im Abfall der ungehemmten Modl-Erzeugung fast ersticken, und von den Schandflecken, die der planlose Tagebau der O'Metris auf der einst idyllischen Landschaft hinterlassen hat. Es heißt, daß sogar ihre berühmten „Quellen der Inspiration" verschmutzt sind.

Bei all ihren Schwierigkeiten bleiben die Ökon ein von alters stolzes und kriegerisches Geschlecht. Aber sie scheinen einer „kreativen Reaktion" auf ihre Probleme völlig unfähig zu sein. Es liegt auf der Hand, was sie erwartet, wenn sie nicht Hilfe von außen bekommen.

Man kann einen gewissen Optimismus hegen, daß die Armutsprobleme *lösbar* sind. Das Bevölkerungswachstum mag sich mit der Zeit verlangsamen, es besteht aber wenig Hoffnung, den fortschreitenden Zerfall der Ökon-Kultur aufzuhalten oder rückgängig zu machen. Hier nimmt wieder einmal die bekannte Tragödie vom Zusammentreffen eines Naturvolks mit den „modernen Zeiten" ihren Lauf. Die Liste der Symptome ist lang, und wir führen nur wenige an.

Die politische Organisation der Ökon wird schwächer. Der Efbe bleibt die politische Grundeinheit, und die politische Macht im Efbe liegt beim Rat der Ältesten. Das Fundament dieser Macht der Ältesten ist jedoch seit einiger Zeit brüchig geworden. Achtung vor dem Alter ist bei den jungen Ökon genauso wenig in Mode wie bei jungen Leuten anderswo. Auf Alter und Erfahrung gegründete Autorität zählt immer weniger, und der anerkannte Status wird zunehmend mit der Geschicklichkeit im Modl-Machen verknüpft. (Wie bereits bemerkt, sind viele Älteste als Modl-Macher untätig.) Obwohl die Körperschaften der Efbes auf diese Entwicklungen durch Kooptation oft sehr junger Modl-Macher als „Älteste" reagiert haben, ist die Legitimität der politischen Struktur in den Augen der Ökon offensichtlich bedroht – und die Chancen für eine konstruktive politische Antwort auf die Probleme des Stammes haben sich entsprechend vermindert.

Der erwachsene Ökon sah sich als Mitglied seines Efbes auf Lebenszeit an. Das trifft nicht länger zu – Umzüge in andere Efbes sind heutzutage außerordentlich häufig[10], und nicht einmal die Ältesten eines Dorfes

---

[10] Diese Beobachtung ist sehr umstritten. So wird darauf hingewiesen, daß es auch Ökon-Stämme gibt, die vorzeiten über hohe Gebirge zogen, jetzt aber – trotz verbesserter Verkehrsverhältnisse – immobil geworden sind. *(Anmerkung des Herausgebers)*.

betrachten sich unbedingt als Dauermitglieder. Diese Mobilität hilft ihnen vielleicht, das Armutsproblem zu bewältigen, trägt aber zwangsläufig weiter dazu bei, die politische Organisation zu schwächen. Als verwandtes Problem sollte die Verstädterung erwähnt werden – viele Dörfer sind heute drei- oder viermal so groß wie ein oder zwei Generationen zuvor. Ballungsgebiete mit zahlreicher, fluktuierender Einwohnerschaft und schwachem, unwirksamem politischem Apparat – wir alle kennen die sozialen Mißstände, zu denen diese Kombination führt.

Unter derartigen Umständen erwarten wir Entfremdung, Orientierungslosigkeit und einen allgemeinen Verlust an inneren Werten. Und genau das treffen wir auch an. Typische Anzeichen für den Zerfall einer Kultur sind der Verlust eines Geschichtsbewußtseins und wachsende Mißachtung der Tradition. Normalerweise pflegt und lehrt bei Naturvölkern die Priesterschaft die Geschichte des Stammes. Bei den Ökon tut sie es nicht. In einigen Ökon-Dörfern findet man noch vereinzelt einen Ältesten, der die Modls hütet, die ein längst dahingegangener Stammesheros gemacht hat, und der erpicht darauf ist, die Legenden zu erzählen, die sich um jedes Modl ranken. Aber wenige Männer oder Dipls haben Lust, diesen weitschweifigen Märchen zu lauschen – sie sehen nur roh gearbeitete, verstaubte Relikte. In der jüngeren Generation findet man jetzt selten jemanden, der überhaupt einen Begriff von der Geschichte der Ökon hat. Weil sie ihre Vergangenheit verloren haben, leben die Ökon ohne Vertrauen in die Gegenwart und ohne Ziel und Richtung für die Zukunft.

Einige Ökonographen stimmen nicht mit dem trüben Bild kultureller Auflösung überein, das hier gezeichnet wurde. Sie sehen vielmehr die Gegenwart als das größte

Zeitalter der Ökon-Kunst an. Tatsächlich sind sich praktisch alle Ökonographen darin einig, daß die zeitgenössische Modl-Fertigung vordem unerreichte ästhetische Höhen erklommen hat. Aber es bleibt zweifelhaft, ob dies zu großem Optimismus Anlaß gibt. Es ist nicht ungewöhnlich, daß man – inmitten des Niedergangs einer Kultur – eine einzelne Kunstform in Hochblüte antrifft. Möglicherweise veranlaßt der gesellschaftliche Niedergang eine derartige kulturelle „Verschiebungsaktivität" bei talentierten Stammesangehörigen, die die Hoffnung aufgegeben haben, den Niedergang ihrer Kultur aufzuhalten. In diesem Licht muß man wahrscheinlich das hochgestochene Modl-Schnitzen sehen, das gegenwärtig bei den Ökon grassiert.

Die Pepita

von
Erich Streissler

Auf einer kleinen Insel im Ozean lebte einmal ein Völkchen, die Pepita genannt (sie hießen Pepita, weil sie allesamt knappe, ganz klein karierte schwarz-rote Westen trugen, die bei gewisser Beleuchtung von schräg rechts schwarz aussahen, bei anderem Licht von links betrachtet leuchtend rot wirkten, in Wahrheit jedoch rotschwarz oder schwarz-rot in innigster Vermengung waren). Die Pepita hatten weit über der Hochwassermarke der ärgsten Springflut ein schönes Dorf und fruchtbare Felder, um die sie die Bewohner anderer Inseln beneideten. Aber sie hatten auch einen niedrig gelegenen Strand. Es war nun das Lieblingsvergnügen der Pepita, diesen Strand entlang zu spazieren und die farbenprächtigen Muscheln aufzulesen, die die Flut dort ablagerte. Freilich, dieses Vergnügen war ihnen nur bei Ebbe vergönnt, denn bei Flut war der Strand überschwemmt.

Die tägliche Überschwemmung ihres schönen Strandes erregte nun die Pepita ungemein. Mit etwas ganz anderem verwechselten nämlich die meisten unter ihnen die harmlose tägliche Flut – oder sollten wir besser sagen, die fast harmlose Flut, beraubte sie diese doch eines gewissen Teils ihrer Wohlfahrt, nämlich des zeitweiligen

Genusses ihres Spazierganges. In grauer Vorzeit, hatten
sie gehört, war Pepita einmal fast zur Gänze überschwemmt worden; und jedesmal, wenn die tägliche Flut
kam, erwarteten sie, pessimistisch wie sie nun einmal
angelegt waren, wieder diese große Flut. Die große Flut
war jedoch ganz anders entstanden und hatte mit der
täglichen Flut – unglücklicherweise – nur den Namen
gemein: sie war einem explosionsartigen Ausbruch eines
nahen Vulkans und einem damit zusammenhängenden
Erdbeben gefolgt, das Pepita zuerst unter den Wasser-
spiegel des Meeres senkte und dann wieder emporhob.
Weise Weltreisende unter den Pepita, andererseits, fürch-
teten auch die tägliche Flut, obwohl sie wußten, daß sie
mit der großen Flut lediglich den Namen gemein hatte.
Sie hatten nämlich gesehen, daß auf anderen Inseln
stärkere Springfluten arg hausen konnten. Doch auch
ihre Furcht war unbegründet, verkannten sie doch dabei
die Geographie von Pepita. Die anderen, gelegentlich
verwüsteten Inseln lagen flach, während die hinter dem
Strand liegende Steilküste Pepitas Dorf und Felder völlig
schützte.

Die Erregung der Pepita über jede Flut führte zu
einem seltsamen Ritual. Die Pepita hatten einen Medizinmann – genauer gesagt sogar deren zwei, Zwillings-
brüder, die, durch das Los bestimmt, abwechselnd ihres
Amtes walteten. Wenn nun die Flut die Pepita wieder
einmal in ängstliche Hysterie versetzte, mußte der jeweilige Medizinmann auf den bereits im Begriff der Überschwemmung befindlichen Strand hinabsteigen, um die
Flut zu verteiben. Er pflegte dabei kleine Sandhaufen
aufzuwerfen und der Flut bei Strafe zu verbieten, die
Sandhaufen zu übersteigen – natürlich völlig vergeblich.
Je mehr die Flut stieg, desto wilder wurde der Medizin-

mann angefeuert von den versammelten Pepita, die in sicherer Entfernung auf den Klippen saßen, höchstens einmal von der spritzenden Gischt genäßt. Der Medizinmann drohte den Wellen, er sprang und schrie, ja er pflegte die Wellen zu peitschen, um ihnen schmerzlich bewußt zu machen, daß sie den Strand von Pepita zweckentfremdeten. Je länger diese drolligen Ausbrüche des Oberflutrates dauerten – denn man muß wissen, daß die Pepita den amtierenden Medizinmann Oberflutrat hießen, denn jeder, der bei ihnen irgendeine Bedeutung hatte, trug den Titel Rat, wohl um anzudeuten, daß auf seinen Rat nur ausnahmsweise gehört wurde –, je länger also der Oberflutrat werkte, desto ungeduldiger wurden die Pepita mit ihm. Statt anzufeuern, begannen sie ihn zu beschimpfen, ja, je mehr die Flut sichtbar weiter anstieg, desto lauter ziehen sie ihn der manifestesten Ineffizienz. Und am lautesten unter ihnen schrie natürlich der gerade nicht amtierende Medizinmann, der, während er sich seinen vom letzten Kampf mit der Flut noch wunden Rücken rieb, allen Zuhörern verkundete, wieviel besser er das Meer zurückzustauen vermöchte. Gerade der Hohn des anderen Medizinmannes pflegte den amtierenden Oberflutrat bis zur Weißglut zu steigern, denn er dachte daran, wie sehr auch er das letzte Mal seinen Bruder verlacht hatte: schweißgebadet warf er die anstürmende Flut schaufelweise zurück, ein Schauspiel, das regelmäßig damit endete, daß er von der Flut gegen den Felsen gedrückt wurde.

Strafe für besonders Eifrige

Die erbosten Pepita pflegten dieweil ihr Mütchen an unbeliebten Mitbürgern zu kühlen nach einer seltsamen, nur gelegentlich von ihnen inszenierten Übung, genannt dem Wellentreibereigesetz. Nach diesem wurde der allgemeinen Züchtigung preisgegeben, wer in besonders gieriger Weise am Strande Muscheln gesammelt hatte und dabei höhere Sprünge machte, als ortsüblich. Die Pepita meinten nämlich unziemliche Sprünge einzelner am Strand würden die Wellen herbeitreiben, und straften jene entsprechend, wobei selbst die, die erkannten, daß Wellen nicht von Sprüngen kämen, nicht allzu viel gegen das Wellentreibereiverfahren einzuwenden hatten, da es zumindest geeignet erschien, Sitte und Anstand unter den Pepita zu bewahren.

Heiser und gelangweilt kehrten schließlich die Pepita nach Hause, so daß der arme Oberflutrat, wenn endlich die Ebbe kam, sich nur seinen engsten Vertrauten gegenüber brüsten konnte, er habe die Flut eigenhändig verscheucht. Ihm blieb jedoch die Genugtuung, daß, wenn er das Glück hatte, eine etwas geringere Flut als üblich in seiner Amtszeit erlebt zu haben, dies von seinen Freunden allenthalben als Beweis seiner Tüchtigkeit plakatiert wurde.

Ohne ein erkennbares Gedächtnis an den Tag zu legen, inszenierten die Pepita stets von neuem das Schauspiel der Flutvertreibung. Einmal freilich war ein auswärtiger Experte zu ihnen gekommen, der ihnen riet, lieber die Tage durch die Bestellung ihrer Felder zu nützen, statt die Zeit mit Flutbegaffung zu vergeuden; doch dieser Experte wäre fast gelyncht worden. Ein anderes Mal erklärte ein weiser Mann den Pepita, daß sie der Überflutung ihres Strandes dadurch Herr werden konnten, daß sie außerhalb des Strandes um ganz Pepita eine starke, hohe Mauer legten. Aber gegen diesen vielleicht zielführenden Vorschlag hatten alle etwas einzuwenden. Der erste fragte, ob die Mauer für immer halten würde; und das konnte der weise Mann natürlich nicht garantieren. Andere meinten, die Aussicht vom Strande würde durch die Mauer verunziert werden, ja möglicherweise würde man nach einiger Zeit nicht einmal mehr Muscheln finden, die doch den ganzen Reiz der Strandpromenade ausmachten. Und die überwiegende Mehrzahl wies darauf hin, daß es Jahre anstrengendster Arbeit und hoher Kosten bedürfte, um die Mauer zu bauen, ja daß der Mauerbau den ganzen Zweck des Strandes, nämlich der Freizeitentspannung zu dienen, mangels Freizeit ad absurdum führen würde. Darauf konnte der weise Mann nur antworten, daß er gedacht habe, ein stets trockener Strand sei für die Pepita so sehr Herzensanliegen, daß sie für ihn zu jedem Opfer bereit wären. Die Pepita hingegen, ausfällig werdend, erklärten, ein Oberflutrat – ja sogar deren zwei – kämen viel billiger als ein Mauerbau; und als schließlich ein Pepiturrat nur halb spaßend vorschlug, man könne doch den weisen Mann als ersten Pflock für den neuen Mauerbau in den Sand einschlagen, da trollte sich dieser, erkennend, daß die großen Gesten des Oberflutrates den Pepita gar nicht so unlieb waren, da er in seinem notwendigen Versagen ihnen als allgemeiner Sündenbock dienen konnte.

Der letzte Keynesianer

von

Ortwin Bernad

Kalt weht der Wind an diesem Novembermorgen und brachte den Blutgeruch aus den Schlachthöfen Chicagos mit sich. Über dem Michigan Lag lag ein tiefer undurchdringlicher Geldschleier. Von fern hörte man das Rauschen des Heckscher-Ohlin-Falls.

Am Rande des Dickichts, dort wo die wilden Amorosen blühen und knorrige Entscheidungsbäume in den Himmel wachsen, saß der alte Liquidity-Trapper und rauchte genußvoll seine Pfeife.

Den lieben langen Tag hatte er Putty-putties gejagt, aber keine war in seine Liquiditätsfallen getappt. Nun ja, jetzt träumte er von dem sagenumwobenen Krug der Witwe, der immer voller wird, je mehr man daraus schöpft. Irgendwo hinter dem Nutzengebirge sollte er zu finden sein. Doch dazu muß derjenige, der sich auf die gefahrvolle Suche begibt, erst einmal die Sättigungsgrenze überschreiten. Dahinter lauert der Tod. Denn dies ist das Gebiet der blutdürstigen Keynesianer. Außerdem machen noch ein paar versprengte Monetaristen die Gegend unsicher.

Plötzlich tauchten aus dem Gebüsch zwei verwilderte Gestalten auf.: Marshall Lerner und Stolper-Samuelson.

Beide waren immer auf Suche nach easy money und setzten ihre Forderungen mit Mitteln der bangbang-Politik durch.

„He, Mann" brüllte Marshall Lerner, „mit dir hab' ich noch eine Rechnung zu begleichen." Mit ungestümer Gewalt versuchte er den Liquidity-Trapper in den sumpfigen Oszillationsbereich zu schubsen.

Diesem gelang es jedoch, dem Marshall eine Budgetgerade mitten aufs Kinn zu verpassen. Jetzt wollte auch noch der ungeschickte Stolper-Samuelson in das Geschehen eingreifen. Seit er sich damals den Zinsfuß gebrochen hatte, humpelte er und hatte seinen Spitznamen weg. Auch diesmal stolperte er wieder in eine inflatorische Lücke. Na ja, manche lernen's nie und andere noch später.

Milton & Rose

von
Robert Vare

Ich saß da gerade in meiner Hausbank, der Raffhai Spar- und Kreditanstalt, 8358 III Queens Boulevard. Ich mühte mich inständig ab, eine gewisse Vera Münz, Direktorin und für rückständige Konten zuständig, dazu zu überreden, mit einer laissez-faire-Haltung an den babelartigen Stapel mit meinen Überziehungsanzeigen heranzugehen, als plötzlich ein schwerbewaffnetes Paar hereinstürmt und „Überfall" ruft.

Trotz der Perücken und Masken sah man sofort, daß es nicht Bonnie und Clyde waren. Außer zwei gefährlich aussehenden abgesägten Schrotflinten schwangen die Räuber Ausgaben von Adam Smith's „Wohlstand der Nationen" aus der Reihe „Moderne Theoretiker".

„Die Ursache der Inflation ist die überhöhte Geldmenge" schrie der Mann, während ich unter dem Schreibtisch von Vera Münz in Deckung ging, nahe genug, um zu sehen, daß sie über Kosten-Angebots-Kurven verfügte, die sich einer Vektoranalyse entzogen hätten.

„Wir wollen hier bloß die Geldmenge verringern"

sagte die Frau. „Tut was wir sagen, dann passiert keinem was."

Es war ein bizarres Geplapper, hörte sich aber schrecklich vertraut an. Das Gespann, das da so grobe Reden schwang, Bücher mit sich herumschleppte und Banken ausraubte, war niemand anderes als Wirtschaftswissenschaftler Milton Friedman, Nobelpreisträger, mit seiner Frau und Mitarbeiterin Rose.

„Die Zentralbank ist mit ihrer Politik am Ende" belehrte uns Milton, während er und Rose den Kassenschrank ausräumten. „Wer immer den Versuch macht, uns an der Sanierung der Wirtschaft zu hindern, sackt schneller weg als ein Paraguayanischer Peso."

Plötzlich heulten Polizeisirenen auf. Die Friedmans rannten zur Tür, aber es war zu spät. Die Cops hatten die Bank umstellt; Milton wurde vor Ärger über die Lage krebsrot. „Schon wieder ein Beispiel ungerechtfertigter Regierungsintervention" murrte er.

Rose reagierte schnell und hieß Vera und mich aufstehen. Ich spürte, wie mir der weiche, abgenutzte Einband des „Wohlstands der Nationen" gegen die Wirbelsäule gedrückt wurde. Die Friedmans nahmen uns als Geiseln.

Wir kletterten in den wartenden Fluchtwagen, einen gemieteten Toyota (Kilometerzahl unbegrenzt, unversichert). Als wir wieder zu uns kamen, befanden Vera und ich uns im Versteck der Friedmans, im Keller des Chilenischen Konsulats.

Rose versuchte sofort, uns die Befangenheit zu nehmen, machte Konversation und bot uns nicht-gemeinwirtschaftlichen Spekulatius an. Wie sich herausstellte, war Vera mit einem Wirtschaftswissenschaftler verheiratet gewesen.

„Mit einem Neo-Keynesianer" sagte Vera. „Er hatte

den Tick, daß er dauernd an den Zinssätzen herumfummeln mußte."

„Kein Wunder, daß die Ehe eine Katastrophe war", warf Milton ein.

„Ich glaube, ich werde immer zu den Frauen gehören, die eine Schwäche für Wirtschaftswissenschaftler haben," sagte Vera. „Mit mir braucht man nur ein bißchen über die Phillipskurve oder über exogene Variablen zu reden, und ich bin hin."

Plötzlich begann die „trübe Wissenschaft" mein Interesse ungemein zu erregen. „Entschuldigen Sie bitte, Herr Professor," sagte ich, „haben Sie bei diesem Banküberfall berücksichtigt, daß die zweite Ableitung der Kosten-Effizienzkurve positiv sein könnte, Differenzierbarkeit vorausgesetzt?"

Milton musterte mich mit der gleichen Verachtung, die er für die demokratische Ablösung einer repressiven Militärdiktatur vorgesehen haben mochte.

Dann holte er zu einem längeren Vortrag aus, und seine Argumente zogen wie ein As – Vera und ich schlossen uns sofort freiwillig der Sache an. Im Verlauf der folgenden Monate führte unsere Bande (die „Trüben Wissenschaftler") gemeinsam ein Dutzend Überfälle aus.

Es war die glücklichste Zeit meines Lebens. Die Tage verbrachte ich damit, die Wirtschaft zu sanieren – die Volkswirtschaft und meine eigene –, die Nächte mit Vera im Austausch leidenschaftlicher Küsse und zarter Worte über das Bruttosozialprodukt. „Ich mag es, wenn du mit mir über das Wertparadoxon sprichst", gurrte Vera oft verträumt. Ein paarmal liebten wir uns die ganze Nacht lang, nachdem ich so getan hatte, als könnte ich die Slutsky-Zerlegung erklären.

Und was das beste war – die Inflation kühlte endlich

ab. Milton war euphorisch und vertraute darauf, daß seine Bankraubpolitik gut funktionierte.

Es war zu schön, um von Dauer zu sein. Als ihr Buch „Chancen, die ich meine" im Frühjahr auf die Bestsellerlisten kam, verloren die Friedmans die Fassung. Die Wirtschaft wurde durch die Rezession erschüttert, und gleichzeitig sank die Produktivität. Milton wurde unwirsch und reizbar und rüffelte mich einmal eine Stunde lang, weil ich in Gegenwart von Rose die Worte „Hilfe für Familien mit minderjährigen Kindern" ausgesprochen hatte.

Als im Sommer die Arbeitslosigkeit auf acht Prozent stieg, versammelte uns Milton um sich. „Einige der maßgeblichsten ökonomischen Indikatoren, einschließlich des Schokoladeplätzchen-Dickekoeffizienten, spielen verrückt," sagte er feierlich. „In einer Krise wie dieser gibt es nur ein Heilmittel: das Geldangebot aufzustokken. Ich fürchte, wir müssen das geraubte Geld zurückgeben."

Ich versuchte, Milton zur Vernunft zu bringen, aber er verharrte bei seinem Standpunkt eines kontrollierten monetären Wachstums. Am nächsten Tag gaben wir die ganze, aber auch wirklich die ganze Beute zurück, damit sich die Nation wieder ausreichend mit Hamburgern und Haartrocknern versorgen konnte. Wir mußten es ohne Vera tun, die über „Katzenjammer" klagte und zurückgeblieben war.

Als wir zum Konsulat zurückkamen, war Vera weg. Auf einem Zettel stand, daß sie mit einem ITT-Boß auf die Bahamas durchgegangen war. „Er liebt mich und gibt mir viel, und er hat versprochen, meine Quittungen für die Steuer in Ordnung zu bringen" schrieb Vera.

Die Tränen liefen mir über die Wangen, als die Friedmans kamen, um sich zu verabschieden. „Nimm dir die Sache mit Vera nicht zu Herzen," sagte Rose. „Dieses Land ist reich an natürlichen Ressourcen."

Milton drückte mir die Hand. „Schreib uns, wenn du Arbeit gefunden hast," sagte er.

Weiterführende Literatur zu Kapitel III

BECKMANN, M. J., Bekenntnisse eines Neoklassikers, in E. Helmstädter (Hrsg.), *Economix,* Münster 1976, 11–12.

GORDON, S., The Economics of the Afterlife, *Journal of Political Economy,* 88 (1980), 213–214.

LEHNER, H., MERAN, G. und MÜLLER, J., *De Statu Corruptionis.* Entscheidungslogische Einübungen in die Höhere Amoralität, Konstanz-Litzelstetten 1980.

N. N. [KENNETH E. BOULDING, RICHARD MUSGRAVE and DANIEL SUITS], *Ileolanthe.* An Almost Entirely Unoriginal Comic Opera in One Act, unveröffentlichtes Manuskript, Ann Arbor 1953; Auszug *hier* S. 120f.

SÖLTER, A., (Hrsg.), *Konkurrenten, Kartellisten, Kontrolleure,* Bergisch-Gladbach 1971.

IV. Öko-Poesie

If You're Anxious for to Shine

by
Kenneth E. Boulding et al. (1953)

DEAN

If you're anxious for to shine, in the economic line
   As a man of promise rare,
You must use the proper word, even if it sounds absurd,
   And use it everywhere.
When you write examinations, if you have a little patience
   You are sure to catch an „A",
If you cultivate a passion for the current verbal fashion
   In a knowing sort of way:

CHORUS[1]

You must talk of GNP, and of elasticity,
Of marginal this and marginal that and the other propensity,
Of rates of substitution, indeterminate solution, and
                                 Oligolipopsony.

---

[1] Andere Überlieferung: You should talk of GNP
                      and of elasticity
                         of rates of substitution
                         and indeterminate solution
                      and oligonopopsony.

DEAN

Just be very metaphorical on theories historical
    And don't be too, too clear;
If the going's rather hard, O you can patronize Ricardo
    With a wise and knowing sneer.
Then you get a little partial to discovering in Marshall
    Things that people thought were new,
And you write up in a Journal how economies external
    To all questions are the clue.

CHORUS

Then you talk of GNP, and of elasticity,
Of marginal this and marginal that and the other propensity,
Of rates of substitution, indeterminate solution, and
                        Oligolipopsony.

DEAN

If your sentences are fillable with juicy polysyllable
    You won't go too far wrong;
If you do some acrobatics with a little mathematics
    It will take you far along.
If your idea's not defensible, don't make it comprehensible
    Or folks will find you out,
And your work will draw attention if you only fail to mention
    What the whole thing is about.

CHORUS

So you must talk of GNP, and of elasticity,
Of marginal this and marginal that and the other propensity,
Of rates of substitution, indeterminate solution, and
                        Oligolipopsony.

32 Years Later

by
Kenneth E. Boulding et al.
(1985)

DEAN

If you are an ignoramus, with ambitions to be famous,
　　I know where the secret lies;
You must study at Chicago and employ their special argot
　　And you'll get a Nobel Prize.
You must write with fervor passional on

　　　　　　　　　　　　　　Expectations Rational

　　In language none can read.
And predictional ballistics with a lot of bad statistics
　　Always put you in the lead.

CHORUS

So though it's 1985, you will find you still will thrive
On the same old stuff that was enough
　　when fifty-three was live,
And though it tastes a little funny,
　　it's the same old sticky honey
In the Economic Hive.

Konvex, Konkav und Genossen
von
O. V. T.

Es war ein Prof mal in Mäihn
dem fiel beim Schreiben nichts äin
   nicht bei EF-KA
   auch sonst kein A-HA
dann ließ er es eben säin.

Ein economieh – gei aus Pörduh
malt die Kost – Körv immer als uh
   links degressiv
   nach rechts leicht schief
ich frage: wie kommt er dazu

Ein Mann, er war aus Weslayen
hatte ökonomisch so vieles zu sayen
   er war sehr präziehs
   nicht abstrakt, und nicht fiehs
ihn verstanden sogar noch die Layen.

Die Technik ist oft wie das Manna
keiner weiß woher sie tat kamma
   is einfach do
   wo'se vorher net wor
das ist halt ein großes Dilamma.

Ein Ökonom, kompakt und geschlossen
liebt konvex, konkav und Genossen
   semi – definieth
   differenziert in der Zieth
Ga manchen hat es verdrossen.

Aus Britten der hohe Lord Kaynes
frug sich dies und immer nur aynes
   warum unemploit
   so viele loit
jetzt weiß man es auch in Maynes

Ein Mann fittete gern Regressionen
und zwar in den höheren Regionen
   wenn tee – test versagt
   und Watson stark klagt
dann hatte er stets Agressionen.

Ein Prof, er war aus Tulane
sprach melodisch, und wie mit Membrane
   allegro con brio
   mit viel melodio
ein Opernstar war mal sein Ahne.

Ein ökonomischer Forscher aus Jäl
hielt neue Ideen stets fäl
   in päpers und bucks
   und sonstig gedruck's
die Kollegen guckten ganz schäl.

Es meinte einst Djohn Stuart Mill
schließendlich stünd alles still
   es wird stationär
   und ziemlich prekär
wenn Technik (und Scheich) es nicht will.

Ein Politt-Ökkonom aus Süd-Hesse
off Lenkung wor ähr versässe
   Ausland is raus
   die Rät' im Haus
unn de Grundbedarf gebt ett zu ässe.

Ein empirischer Forscher aus Minchen
Da-aten tat er sich winschen
   zum Arbeitsvolumen
   vielleicht auch Bitumen
Dataismus – man sollte ihn linchen?

Ein Institutsmann machte Prognosen
die gingen auch mal in die Hosen
   er machte sie weiter
   bedrückt, und nicht heiter
wie wär' es denn da mal mit losen?

Zum Testen wird gerne gepoppert
für manche ist das wie ein Floppert
   da kann man mit schießen
   und geruhsam genießen
wie Kollega ganz schnell und schön stottert.

Aus Groß-Britten ein Nationalökonom
Nikolas Kaldor war dem sein' Nohm
   mit expenditure-tax
   macht neues lex
und wo er hinkommt, gibts Revolutiohn[2].

Seit dem Ende vom Paradiehs
geht's den piepels alle miehs
   nur der Ökonoohm
   lebt davoohn
daß Mangel eingetreten iehst.

---

[2] Zwischen der Beratertätigkeit von Nicholas Kaldor in Entwicklungsländern und dem Rücktritt von Regierungen gibt es eine enge Korrelation.

Varia

Langweilige Vorlesung*

Ich wär' so gern bei Greten
und nicht bei diesem Herrn.
Bei ihm, da muß ich schlafen,
bei Greten tät' ich's gern.

---

* Nach Mitteilung eines Mitarbeiters des Bundeswirtschafts-
ministeriums früher (?) in einer Hamburger (Hörsaal-) Bank ein-
geritzt. Hinweise auf ähnliche Knüttelverse werden von Herausgeber und Verlag dankbar entgegengenommen.

*Joan Robinson**

Joan Robinson's early mission
Was revealed in the economics of imperfect
   competition.
At a later junction
She exposed the Aggregate Production
   Function.
And to cap it all
She wrote the Accumulation of Capital.
Yet Maynard's her much
Not Simon or Garfunkel.

*In memoriam Fritz Machlup***

Oh, happy is the man who sits
Beside or at the feet of Fritz,
Whose thoughts, as charming as profound,
Travel beyond the speeds of sound,
All passing as he speeds them up,
Mach 1, Mach 2, Mach 3, Machlup.
With what astonishment one sees
A supersonic Viennese
Whose wit and vigor, it appears,
Are undiminished by the years.

---

* Anonym.
** von K.E. BOULDING, zitiert nach G. HABERLER, Fritz
Machlup: In Memoriam, *Cato Journal*.

V. Neuere Entwicklungen
in der Ökonomischen Theorie

Die Ökonomik des Zähneputzens*

von
Alan S. Blinder,
Princeton University

In der ständig wachsenden Literatur über Humankapital hat sich seit langem die Erkenntnis durchgesetzt,
daß der Anwendungsbereich der Theorie weit über die
traditionelle Analyse der schulischen und beruflichen
Ausbildung hinausgeht. Verlegung des Wohnsitzes, Ge-
sundheitspflege, Verbrechen und Strafe, sogar Heirat
und Selbstmord – das sind alles Entscheidungen, für
die eine Betrachtung unter dem Humankapitalaspekt
sinnvoll ist. Und doch haben die Ökonomen die Analyse einer wichtigen Klasse von Aktivitäten ignoriert, die
ins Blickfeld der Theorie gerückt werden können und
sollten. Ein erstrangiges Beispiel ist das Zähneputzen[1].

---

* Diese Abhandlung geht auf die mündliche Tradition der
Universität Princeton zurück.

Ich möchte meinem Zahnarzt für die Füllung einiger wichtiger Lücken in der Analyse und meinem Kollegen Michael
Rothschild für einsichtsvolles Kiebitzen danken. Um Unterstützung für meine Forschungen wird freundlich gebeten.
[1] Die folgende Analyse kann auch auf so wichtige Probleme
wie das Haarekämmen, Händewaschen und Fingernägelschnei-
den angewandt werden, wie ich in einer Reihe künftiger Abhand-
lungen zu zeigen hoffe.

Die herkömmliche Analyse des Zähneputzens hat sich auf zwei grundlegende Modelle konzentriert. Das „Schlechter-Mundgeschmack"-Modell beruht auf der Vorstellung, daß jeder Mensch am Zähneputzen „Geschmack" findet, und die Tatsache, daß die Zahnputzhäufigkeiten unterschiedlich sind, wird mit Geschmacksunterschieden „erklärt". Weil man mit einem derartigen impliziten Theoretisieren jedes menschliche Verhaltensmuster rationalisieren kann, liefert dieses Modell keine empirisch prüfbaren Vorhersagen und ist daher uninteressant.

Die „Mutter-hat's-mich-geheißen"-Theorie geht von Zivilisationsunterschieden bei der Erziehung aus. Hier wird beispielsweise argumentiert, daß Dreimal-täglich-Putzer ihre Zähne dreimal am Tag putzen, weil ihre Mutter sie als Kinder dazu gezwungen hat. Das ist natürlich kaum eine vollständige Erklärung. Wie die meisten psychologischen Theorien läßt sie die Frage offen, warum Mütter eigentlich wollen, daß ihre Kinder nach jeder Mahlzeit die Zähne putzen. Aber die Theorie hat doch wenigstens eine prüfbare Implikation: daß Angehörige höherer sozialer Schichten sich die Zähne häufiger putzen.

Auf den folgenden Seiten beschreibe ich ein neues Modell, das fest in der ökonomischen Theorie verankert ist und eine große Anzahl empirisch prüfbarer Hypothesen erzeugt. Ich zeige dann, daß die Vorhersagen des Modells durch die Daten gestützt werden.

Die Grundannahme des Modells ist in der Humankapitaltheorie allgemein üblich: die Individuen trachten danach, ihr Einkommen zu maximieren. Daraus folgt sofort, daß jedes Individuum sich die Zähne in genau dem Ausmaß putzt, das sein Einkommen maximiert. Das

„Mutter-hat's-mich-geheißen"-Modell kann als ein Spezialfall aufgefaßt werden, in dem das Kind nur das tut, was man ihm sagt, während die Entscheidungen der Mutter auf Einkommensmaximierung für das Kind ausgerichtet sind. Folglich verhalten sich die Kinder so, *als ob* sie ihr Einkommen maximieren würden.

Ein Beispiel soll die Brauchbarkeit des Modells erläutern. Betrachten wir die Zahnputzentscheidungen von Küchenchefs und Kellnern, die im gleichen Lokal arbeiten. Weil Küchenchefs gewöhnlich aus höheren sozioökonomischen Schichten stammen, sagt das „Mutterhat's-mich-geheißen"-Modell voraus, daß sie sich öfter als Kellner die Zähne putzen. Tatsächlich wurde aber gezeigt, daß das Gegenteil zutrifft (Barnard und Smith 1947). Natürlich sagt das Humankapitalmodell genau dieses Verhalten voraus. Die Nutzenseite: Küchenchefs werden selten von Kunden gesehen und beziehen ein festes Gehalt. Kellner dagegen kommen dauernd mit dem Publikum in Kontakt und sind für den überwiegenden Teil ihres Einkommens auf Trinkgelder angewiesen. Schlechter Atem und/oder gelbe Zähne könnten sich nachteilig auf ihre Einkünfte auswirken. Die Kostenseite: Weil Küchenchefs besser bezahlt werden, liegen die Opportunitätskosten des Zähneputzens entsprechend höher. Die Theorie sagt also unzweideutig voraus, daß sich Küchenchefs seltener die Zähne putzen. Es ist aufschlußreich, diese recht straffe theoretische Ableitung mit dem oberflächlichen Versuch von Barnard und Smith zu vergleichen, die beobachteten Unterschiede auf die unterschiedlichen hygienischen Maßstäbe in den Geburtsorten zurückzuführen. (Die Küchenchefs stammten meist aus Frankreich, die Kellner aus Brooklyn.)

I. Überblick über die Literatur

Zur Zahnhygiene liegt eine umfangreiche Literatur vor. Es ist merkwürdig, daß diese Arbeiten in ökonomischen Kreisen nahezu unbekannt sind – obwohl sich die meisten Ökonomen die Zähne putzen.

Die beste empirische Untersuchung wurde 1967 von einem Forscherteam am Medizinischen Zentrum der Universität Chicago durchgeführt. Man verglich die Zahnputzgewohnheiten einer wissenschaftlich ausgewählten Stichprobe von 27 Zwillingspaaren, die in Werbesendungen für Wrigley's Kaugummi aufgetreten waren, mit einer Zufallsauswahl von 54 Hafenarbeitern. Die Zwillinge putzten sich durchschnittlich 3,17 mal am Tag die Zähne, die Hafenarbeiter nur 0,76 mal täglich. Der Unterschied war signifikant auf dem 1-Prozent-Niveau. Als Nichtökonomen schlugen die Ärzte zwei mögliche Erklärungen für diesen Befund vor: Entweder haben Zwillinge einen ausgeprägteren „Geschmack" am Zähneputzen als Nichtzwillinge, oder die Firma Wrigley hatte sich bewußt vorgenommen, nur auf Leute mit sauberen Zähnen zurückzugreifen. Weitere Untersuchungen, so schlossen die Autoren, seien zur Entscheidung zwischen diesen beiden Hypothesen nötig (Baker, Dooley und Spock 1968). Der Humankapitalansatz macht die wahre Erklärung ganz deutlich: Die Einkünfte eines Schauspielers hängen in starkem Maße vom Weiß seiner Zähne ab. Dagegen hat noch niemand eine direkte Beziehung zwischen dem Einkommen von Hafenarbeitern und der Qualität ihres Atems hergestellt.

Einen Forschungsbeitrag jüngeren Datums erbrachte eine Umfrage bei Professoren an einer führenden Universität im Osten der Vereinigten Staaten. Man fand, daß sich Assistenzprofessoren im Durchschnitt 2,14 mal täglich die Zähne putzen, außerordentliche Professoren dagegen nur 1,89 mal und Ordinarien nur 1,47 mal täglich. Der Autor, ein Soziologe, schrieb diesen Befund fälschlicherweise der Tatsache zu, daß die höhergestellten Professoren älter waren und daß sich die hygienischen Ansprüche in Amerika mit der Zeit ständig erhöht haben (Persons 1971). Für den Humankapitaltheoretiker dagegen ist dieses Verhaltensmuster nicht mehr als selbstverständlich: In den höheren Professorenrängen sind die Bezüge höher, und jüngere Professoren auf der Suche nach Beförderungen können sich einen schlechten Atem nicht leisten.

II. Ein theoretisches Modell des Zähneputzens

Der Lohnsatz eines Individuums sei w; J sei ein Index für den Beruf, und P sei die mit Zähneputzen verbrachte Zeit. Ohne Verlust an Allgemeingültigkeit kann ich die Berufe so anordnen, daß für Berufe mit höherem J saubere Zähne wichtiger sind. Die angenommene Lohnfunktion ist deshalb

(1) $w = w(J, P)$, $w_P \geq 0$, $w_{PJ} = w_{JP} \geq 0$.

Weil die Berufe neu angeordnet wurden, gibt es keine *a priori* Annahme über das Vorzeichen von w_J. Es wird auch angenommen, das $w(\cdot)$ stetig, zweifach differenzierbar und semistrikt quasikonkav im nichtnegativen Orthanten ist.

Es wird angenommen, daß jedes Individuum sein Einkommen maximiert:

(2) $$Y = w(J, P)(T - P) + R,$$

wobei T die fixe Zeitspanne pro Periode ist, die für Arbeit oder Zähneputzen[2] zur Verfügung steht, und R der (exogen determinierte) Betrag der Einkünfte aus Kapitalvermögen[3]. Jedes Individuum wählt also einen Wert von P, um (2) zu maximieren. Die notwendige Bedingung für ein Maximum ist[4]

(3) $$w_P(J, P)(T - P) - w(J, P) = 0.$$

Gleichung (3) hat mehrere bedeutsame Implikationen. Erstens impliziert sie, daß $T - P$ positiv sein muß, weil sowohl w als auch w_P vermutlich positiv sind. In Worten: Die Theorie sagt voraus, daß niemand jede wache Stunde mit Zähneputzen verbringt – eine empirisch prüfbare Behauptung, die sich weder aus dem „Schlechter-Mundgeschmack" – noch aus dem „Mutter-hat's-mich-geheißen"-Modell ableiten läßt.

Zweitens kann (3) umformuliert werden:

(4) $$\frac{P}{T - P} = \frac{P w_P}{w}.$$

---

[2] Zur Vereinfachung wird angenommen, daß dies die einzigen Möglichkeiten der Zeitverwendung sind. Für die Bewältigung einer beliebigen Anzahl von Zeitverwendungen läßt sich das Modell leicht erweitern, wie in einem Anhang nicht gezeigt wird.

[3] Ein allgemeineres Modell würde die Möglichkeit zulassen, daß sauberere Zähne zu einer größeren Erbschaft führen können, d.h. $R(P)$ mit $R'(P) > 0$. Für einen entsprechenden Anhaltspunkt siehe "Toothpaste Heir Disinherited for Having Bad Breath", *Wall Street Journal*, 1. April 1972, S. 1.

[4] Weil w annahmegemäß semistrikt quasikonkav ist, ist das auch hinreichend für ein schwaches Maximum.

In Worten: Das Verhältnis der Zahnputzzeit zur Nicht-Zahnputzzeit wird der partiellen Zahnputzzeitelastizität des Lohnes gleichgesetzt. Wie in der verbalen Diskussion gezeigt, werden Individuen mit Berufen, deren Entlohnung hochempfindlich auf Zähneputzen reagiert, dem Zähneputzen mehr Zeit widmen als andere. Außerdem impliziert (3), daß für zwei beliebige Tätigkeiten mit gleichem w_P, aber ungleichem w die besser bezahlte Person sich wegen ihrer höheren Opportunitätskosten weniger die Zähne putzen wird.

Betrachten wir schließlich den wichtigen Fall, daß (1) linear in P ist (wenn auch möglicherweise nichtlinear in J):

$$(1')\qquad w = \alpha(J) + \beta(J)\,P, \quad \alpha \geq 0, \quad \beta \geq 0.$$

Durch Einsetzen in (3) und Auflösen erhält man

$$(5)\qquad P = \frac{T}{2} - \frac{\alpha}{2\beta}.$$

In Berufen, bei denen das Zähneputzen für den Erfolg unerheblich ist, strebt β gegen 0; deshalb erfordert (5) ein Eckmaximum mit $P = 0$. Folglich erhalten wir eine zweite starke Vorhersage aus dem Modell: Solche Leute werden sich niemals die Zähne putzen. Andererseits impliziert (5), daß $P \to T/2$, wenn sich das Verhältnis α/β Null nähert. In Worten: Individuen, deren Einkünfte fast ausschließlich vom Weiß ihrer Zähne abhängen (ein gutes Beispiel sind Quizmaster in Fernsehshows), werden annähernd die Hälfte ihres Lebens mit Zähneputzen verbringen. Auch hier liefert keine soziologische Theorie derart starke Vorhersagen.

III. Ein Regressionsmodell

Dank einer neueren Querschnittsuntersuchung amerikanischer Erwachsener aus der nicht verbeamteten Arbeitnehmerschaft, die vom Bundesputzinstitut durchgeführt wurde, können die Implikationen des Modells empirisch getestet werden. Das Institut sammelte 1972 im Rahmen seiner Zahnputzenquête Daten über die Zahnputzhäufigkeit und viele sozioökonomische Merkmale von 17 684 Erwachsenen. Aufgrund dieser Daten wurde das folgende Regressionsmodell formuliert:

$$NPUTZ = a_0 + a_1 ALT + a_2 LOHN$$
$$(6) \qquad + a_3 NZAHN + a_4 S + a_5 ERF$$
$$+ a_6 FDUM + a_7 R + u.$$

Abhängige Variable ist die Zahnputzhäufigkeit während des Jahres. ALT steht für die Anzahl der Jahre, die verbleiben, bevor dem Individuum die Zähne ausfallen. Die Betrachtung des Zähneputzens als Investition in Humankapital impliziert eindeutig, daß $a_1 < 0$. $LOHN$ mißt natürlich die Opportunitätskosten der Zeit; deshalb gilt $a_2 < 0$. $NZAHN$ ist die Anzahl der Zähne im Mund. Weil die Zahnputzzeit fast unabhängig von der Anzahl der geputzten Zähne ist, ermutigt der Besitz von mehr Zähnen sicher zu vermehrtem Zähneputzen. S und ERF sind die Jahre an Schulausbildung bzw. Arbeitserfahrung. Sie sind aufgenommen, weil es sich hier um ein Humankapitalmodell handelt; obwohl es keine a priori Erwartungen über die Vorzeichen von a_4 und a_5 gibt, dürften beide hohe t-Werte haben. $FDUM$ ist eine dummy für Personen, die in einer Gegend mit fluoridiertem Trinkwasser leben; sie ist aufgenommen, weil es in der

Produktionsfunktion für gute Zähne eine gewisse Substitutionsbeziehung zwischen Zähneputzen und Wasserfluoridierung gibt. Schließlich ist R das Nichtarbeitseinkommen; seine Einbeziehung erlaubt es, den Einkommenseffekt der Zahnputzhäufigkeit zu schätzen.

Weil ich oben argumentiert habe, daß *LOHN* von *NPUTZ* abhängt, wurde Gleichung (6) mit Hilfe der Instrument-Variablen-Technik geschätzt. Träger von künstlichen Gebissen wurden in die Stichprobe aufgenommen, aber 189 Personen ganz ohne Zähne blieben bei der Analyse unberücksichtigt. Die empirischen Ergebnisse werden nachstehend mitgeteilt (Standardabweichungen in Klammern):

$$NPUTZ = \begin{array}{l} 2.04 \\ (0.63) \end{array} \begin{array}{l} - \ 0.006 \ ALT - \\ (0.001) \end{array} \begin{array}{l} 0.096 \ LOHN \\ (0.001) \end{array}$$

$$\begin{array}{l} + \ 0.054 \ NZAHN + \\ (0.009) \end{array} \begin{array}{l} 0.0043 \ S \\ (0.0002) \end{array}$$

$$\begin{array}{l} - \ 0.0022 \ ERF - \\ (0.0001) \end{array} \begin{array}{l} 0.146 \ FDUM \\ (0.027) \end{array}$$

$$\begin{array}{l} + \ 0.0006 \ R \ , \ R^2 = .79 \ , \ \hat{\sigma} = 0.056 \ . \\ (0.0002) \end{array}$$

Die Resultate sind, nach allen Maßstäben, sehr gut. Der Korrelationskoeffizient R^2 ist für eine Querschnittsuntersuchung sehr hoch, ein Anzeichen dafür, daß die Daten erfolgreich erhoben wurden. Alle Variablen, die das theoretische Modell nahelegt, sind hochsignifikant, und immer, wo die Theorie a priori Vorzeichenrestriktionen implizierte, sind sie erfüllt.

Fassen wir zusammen: Die Untersuchungsdaten bestätigen schlagend die Vorhersagen aus dem hier entwikkelten theoretischen Modell des Zähneputzens. Natürlich ist dies nur einer von vielen möglichen Tests der Theorie. Aber er zeigt doch die Brauchbarkeit von Humankapitalkonzepten für das Verständnis der Zahnhygiene auf. Hoffentlich sind diese Ergebnisse dazu angetan, das Interesse der Ökonomen an derartigen Fragestellungen erneut zu beleben.

Literatur

BAKER, M.D./DOOLEY, C./SPOCK, B. Brushing by Longshoremen and Twins: A Case Study. *Quarterly Journal of Orthodontics,* 3 (1968), 377–462.

BARNARD, C./SMITH, L. Brushing Proclivities of Restaurant Employees in New York City. *Review of Periodontics and Dentistics,* 7 (1941), 1–2.

PERSONS, T. Dental Hygiene and Age: A Sociological View. *Journal of Dental Sociology,* 11 (1971), 1–243.

Zur Ökonomie der Korruption

von

Gregor von Rezzori

Dieser besagte Schorodok, Restaurateur und Inhaber des berühmten Etablissements Tschina (das ist: Abendmahl) von Metropolsk, ließ mir eines Tages bestellen, mein Onkel, der Bojar aus dem sehr ruhmreichen Geschlecht der Kantakukuruz, wünschte mit mir anläßlich eines feierlichen Gedenktags in seinem (nämlich: des Schorodoks) Speisehaus ein Diner zu nehmen. Am angegebenen Abend traf ich auch meinen Onkel dortselbst.

Er sagte: „Ich habe dich", so sagte mein Onkel Kantakukuruz, „mein lieber Neffe, bitten lassen, am heutigen Abend mit mir ein reichhaltiges und fettes Diner zu nehmen. Es ist nämlich", so sagte er, „ein Gedenktag in meinem Leben. Wir werden uns vorerst mit einigen Dutzend Schnäpsen stärken, sodann zu Tisch begeben, wobei ich dir erzählen will, welches der Anlaß dazu ist, daß ich diesen Tag so hoch in Ehren halte". ...

Schweigsam und in Erinnerungen versunken, beendeten wir unser Diner, und nachdem wir Käse, Obst, Likör, Konfekt und Nüsse sowie Mokka und Kognak zu uns genommen hatten und zu den Zahnstochern griffen, sagte ich zu meinem Onkel: „Ich danke dir", so sagte ich zu ihm, „mein lieber Onkel, für das Zeichen der Zuneigung und des Vertrauens, das du mir gegeben hast, indem du mir eine Herzensangelegenheit wie die Sache mit Kyra Kyralina mitteiltest. Vor allen Dingen aber", so sagte ich, „wird es mir stets unvergeßlich bleiben, daß du, um sie mir mitzuteilen und diesen Gedenktag mit mir zu begehen, mich zu einem so reichen und fetten Diner eingeladen hast".

„Wie sonderbar", so entgegnete darauf mein Onkel, „während ich dir hier erzähle, denke ich die ganze Zeit darüber nach, wie ungemein liebenswert es von dir ist, diesen meinen Gedenktag mit einem so reichhaltigen und fetten Diner zu ehren."

„Wie", sagte ich dagegen, „sollte ich imstande sein, so etwas zu tun, da doch meine Partei gegenwärtig nicht am Ruder ist? Wie, glaubst du, mein lieber Onkel, sollte ich unter so mißlichen Umständen das Geld dazu haben?"

„Wie aber", so erwiderte mein Onkel Kantakukuruz, „sollte ich anderseits meine Partei so diffamieren, daß ich in Zeiten, da sie an der Regierung ist, ein so reiches und fettes Diner ausgebe? Man würde uns unweigerlich für Unterschläger und Diebe halten."

„Du hast", so fragte ich meinen Onkel Kantakukuruz, „sonach auch kein Geld bei dir?"

„Nein", entgegnete mir mein Onkel, „nicht das Schwarze unterm Nagel."

Ich betrachtete den Nagel meines Onkels.

„Es ist", so sagte mein Onkel abschließend, indem er seinen Finger versteckte, „für einen Edelmann peinlich, Zechschulden zu machen. Wir müssen die Angelegenheit auf andere Weise erledigen." Damit erhob er sich würdevoll und verschwand.

Ich war gerade im Begriff, ein gleiches zu tun und den Hinterausgang zu wählen, als mein Onkel wiederum

erschien, begleitet vom Wirt, dem knauserigen Schorodok, der sich unterwürfig verneigte. Mit ihm waren
sämtliche Kellner, Kawassen, Schweizer und Mokka-
zwerge des Restaurants Tschina (das ist: das Abendmahl), sogar der Koch und dessen Frau, sowie die Katze
mit dem abgehackten Schwanz, und nur die Schaben aus
den Herdritzen fehlten, um den Zug zu vervollständigen.
Unter zahlreichen Ehrenbezeigungen wurde ich zurück-
gehalten, man stellte eine neue Speisenfolge zusammen,
sogar das Tischtuch wurde gewechselt, der Champagner
floß in Strömen. Die Kapelle des berühmten Zigeuners
Gjorgjewitsch Janku wurde an unsern Tisch befohlen
und spielte unablässig, namentlich das Lieblingslied meines Onkels Kantakukuruz, nämlich die Tschjokarlije
(das ist: die Lerche). Schorodok entsandte einen Boten
zum Nationaltheater, um einige Damen zu unserer Un-
terhaltung herbeizubitten. Zu unserer peinlichen Überraschung kam der Bote mit dem Bescheid zurück, die
Damen bedauerten, heute nicht frei zu sein: morgen
stünden sie zur Verfügung. Schon wollte mein Onkel
aufbegehren, denn eine solche Antwort war noch niemals
einem Kantakukuruz zuteil geworden, am wenigsten
dem ehemaligen Gospodar und Adelsmarschall der Pro-
vinz Mamadrakului sowie Vorsitzenden der Kommission zur Überprüfung der Lage der Bauern. Glücklicher-
weise aber stellte es sich heraus, daß der Bote falsch
gegangen war und beim Palast der Karakriminalowitsch
im Flügel der Prinzessinnen angefragt hatte. Man berei-
nigte den Irrtum.

Spät am nächsten Morgen erst verließen wir das Restaurant Tschina (das ist: das Abendmahl), vom gesam-
ten Gesinde begleitet. Schorodok bestellte, da wir unsere
Schlitten nicht bei uns hatten, einen Birdschar (das ist:

ein Mietskutscher), den er im voraus bezahlte, und unter den Klängen der Tschjokarlije und den Segenswünschen des Personals sowie der Künstlerinnen vom Nationaltheater fuhren wir davon.

„Was ist geschehen?" fragte ich meinen Onkel, nachdem wir in sicherer Entfernung waren.

„Es ist", so entgegnete mein Onkel, „einem Bojaren von Geblüt nicht gemäß, Wirtshausschulden zu machen. Als ich mich daher von unserem Tisch entfernte, begab ich mich, wie es nach einen so reichen und fetten Diner natürlich ist, hinaus. Sodann ließ ich den Schorodok zu mir kommen und sagte zu ihm: „Ich bin, mein lieber Schorodok", so sagte ich, „neben meinen anderen, teils neben- und ehrenamtlichen Staatsgeschäften, durch die gütige Gnade seiner Majestät unseres Monarchen, des Königs Nikifor XIV., gestern zum Vorsitzenden der Kommission zur Überprüfung des Zustandes der sanitären Anlagen in den Gaststätten des Landes berufen worden. Ich komme soeben", so sagte ich, „was Ihr Restaurant Tschina (das ist: das Abendmahl) betrifft, von dortselbst. Es wird Ihnen", so sagte ich zu ihm, „mein lieber Schorodok, bei aller Sympathie, die ich für Sie empfinde, sowie bei allen Diensten, die Sie mir und allen meines Namens erwiesen haben mögen, sehr schwerfallen, meine Empörung zu beschwichtigen."

„Hat er sie beschwichtigt?" fragte ich.

„Er hat", erwiderte mein Onkel Kantakukuruz.

„Ein Kantakukuruz", entgegnete ich, „läßt seine Empörung nicht durch eine Mahlzeit beschwichtigen."

„Ein Kantakukuruz", so gab mein Onkel zurück, „läßt nicht."

Nachdem mein Onkel so gesprochen hatte, schwiegen wir eine Weile, während wir zum Schellenklingeln der

Pferde unter den bereiften Akazien der Schossea Punga-
schijlor über den Schnee glitten. Dann sagte ich zu
meinem Onkel: „Es ist", so sagte ich zu ihm, „wie du ja
weißt, mein lieber Onkel, unter der segensreichen Regierung unseres Monarchen, Seiner Majestät des Königs
Nikifor XIV., eine Bestrebung im Gange, derzufolge
jüngere Kräfte, insonderheit von seiten der regierungs-
feindlichen Opposition, in erhöhtem Maße zur Überprüfung der ordnungsgemäßen Abwicklung der Staatsge-
schäfte herangezogen werden sollen. Im Verlaufe dieser
Strömung", so sagte ich, „hat man mich gestern zum
Vorsitzenden der Kommission zur Unterbindung des
Bestechungsunwesens bei öffentlichen Körperschaften
und Behörden berufen. Du bringst mich", so sagte ich,
„mein lieber Onkel, in einen peinlichen Zwiespalt ver-
wandtschaftlicher Gefühle mit der Pflicht dem König
und dem Vaterland gegenüber."

Seufzend und mit einigen Bemerkungen über meine
Mutter zog mein Onkel eine Brieftasche, auf der ich das
Monogramm des Schorodok erkannte. „Ein Viertel",
sagte er.

„Drei Viertel!" sagte ich.

Da wir Verwandte waren, einigten wir uns auf die
Hälfte.

Die Ökonomik des Schlafens

von
M. A. El Hodiri,
University of Kansas

Die Überschrift könnte frivol klingen – es gibt aber einen sehr ernsten Grund dafür, diese Mitteilung zu schreiben. Sie setzt sich kein geringeres Ziel als das, einen oder zwei Steine aus dem Fundament der Nutzentheorie der Konsumentennachfrage herauszubrechen. Die Theorie strebt den Nachweis an, daß „Nachfragekurven eine negative Steigung haben". Man sucht – in methodologisch fragwürdiger Weise – nach Behauptungen, deren Wahrheit diese beobachtete Tatsache impliziert. Es wird selten darauf hingewiesen, daß „Nutzenmaximierung", und ihre Varianten, nur eine der möglichen Annahmen ist, die (für normale Güter!) den Rückgang der Kaufwünsche bei steigenden Preisen implizieren.

Andererseits schlafen bekanntlich die meisten normalen Menschen acht Stunden am Tag. Wir werden dies nun „beweisen". Nehmen wir an, daß der Konsument eine Nutzenfunktion für zwei Güter maximiert: x (steht für materiellen Konsum) und s (Schlaf). Nehmen wir an, daß der Tag 24 Stunden hat und daß die Konsumperiode ein Tag ist. Die Nutzenfunktion sei explizit gegeben durch

$$U = x^2 s.$$

Diese Funktion ist quasikonkav, differenzierbar und ordinal. Wenn p den Preis von x bezeichnet und w den Lohnsatz, dann hat die Budgetrestriktion die Form

$$w\,(24-s)-px=0.$$

Aus dem Rationalitätsaxiom und aus unseren Annahmen über die Nutzenfunktion folgt, daß optimale Werte für x und s existieren und positiv sind. Es folgt auch, daß

$$\frac{\hat{U}_x}{\hat{U}_s} = \frac{p}{w} \text{ mit } \hat{U}_x = \frac{\partial U}{\partial x}\bigg|_{(\hat{x},\,\hat{s})} \text{ und } \hat{U}_s = \frac{\partial U}{\partial s}\bigg|_{(\hat{x},\,\hat{s})}$$

eine notwendige und hinreichende Optimalitätsbedingung ist. Durch Einsetzen aus unserer spezifischen Nutzenfunktion erhalten wir

$$\frac{2\,s}{x} = \frac{p}{w},$$

und durch Einsetzen in die Budgetrestriktion

$$w\,(24-s)-2\,sw = 0.$$

Wenn wir durch w dividieren, ergibt sich $3\,s=24$, d.h. $s=8$.

Wir haben nun bewiesen: *Acht Stunden Schlaf sind nicht nur gut für den Menschen, sondern sie sind auch notwendig und hinlänglich für das Optimum.* Wenn wir den Hinlänglichkeitsteil dieses Satzes benutzen, gelangen wir zu der überraschenden „Tatsache", daß man eine Nutzenfunktion der angegebenen Form maximiert, wenn man acht Stunden am Tag schläft. Aber man schläft normalerweise tatsächlich acht Stunden am Tag! Folglich[1] maximieren alle Konsumenten eine Nutzenfunktion der Form x^2s. In den Worten von Prof. Gale[2]: „Dieses Ergebnis hätte nicht im voraus antizipiert werden können, und seine Ableitung veranschaulicht, wie mathematische Überlegungen zur Entdeckung neuer ökonomischer Tatsachen führen können."

---

[1] Dies könnte der großen Zahl von Paradoxa der Bestätigungskontroverse in der Wissenschaftstheorie ein weiteres Paradoxon hinzufügen.

[2] DAVID GALE, unbekannte Quelle.

Zur tieferen Ökonomik des Schlafens

von
T.C. Bergstrom,
Washington University

Erschöpfendes Studium von Professor M.A. El Hodiris weitschweifiger, aber eigenartig oberflächlicher Analyse der Ökonomik des Schlafens hat zu einer wirksamen und bemerkenswert langweiligen Neuformulierung der Hodiri-Theorie geführt[1].

Wie Hodiri scharfsinnig beobachtet, läßt sich kaum leugnen, daß ein vernünftiger Mensch $U(x,s) = x^2 s$ zu maximieren sucht, wobei x den täglichen Konsum und s den im Bett verbrachten Teil des Tages bezeichnet. Hodiri nimmt an, daß der Tageskonsum gleich dem Tageseinkommen ist, das sich wiederum aus dem Tageslohnsatz w mal dem außerhalb des Betts verbrachten Teil des Tages ergibt[2]. Deshalb ist $x = w(1-s)$. Aber

---

[1] Die Bedeutung von El Hodiris Beitrag, der den Autor zu solchen Höhenflügen der Pedanterie befähigt, läßt sich schwerlich unterschätzen. Geistesgeschichtler könnten zweifellos viele ermüdende Parallelen in der Wissenschaftsgeschichte finden. Obwohl ich nicht vermute, auf den Schultern eines Riesen zu stehen, hoffe ich, daß ich El Hodiri sanft auf die Zehen getreten bin.

[2] Professor J.T. Little von der Washington University, St. Louis, behauptet in einer unveröffentlichten Notiz, daß nicht die

dann ist $U = w^2 (1-s)^2 s$. Der Leser kann durch Einsetzen aller reellen Zahlen zwischen 0 und 1 schnell feststellen, daß U für $s = \frac{1}{3}$ maximiert wird. Hodiri behauptet also, daß ein vernünftiger Mensch ungeachtet des Lohnsatzes $\frac{1}{3} \cdot 24 = 8$ Stunden am Tag schläft.

Wäre Hodiri tiefer in die Gedankenfülle der ökonomischen Literatur eingebettet gewesen, so hätte er kaum seine Augen vor dem Übermaß an abgedroschenen Belegen dafür verschließen können, daß manche ernten, ohne zu säen. Diese fruchtbare Beobachtung macht zwei Dinge klar. Das eine ist, daß die Hodiri-Gleichung

$$x = w(1-s) \quad \text{durch} \quad x = w \left[(1-s) + \frac{R}{w} \right]$$

ersetzt werden muß, wobei R das tägliche Nichtarbeitseinkommen ist. Durch Einsetzen in $U = x^2 s$ ergibt sich dann richtig

$$U = w^2 \left[1 - s + \frac{R}{w} \right]^2 s \, .$$

Folglich wird U maximiert, wenn

$$s = \frac{1}{3} \left[1 + \frac{R}{w} \right] \, .$$

Diese unumstößliche Wahrheit zerreißt die Hodiri-Theorie offenbar in der Luft. Wie ist es möglich, daß vernünftige Menschen immer acht Stunden schlafen,

---

ganze Zeit außerhalb des Betts mit produktiver Arbeit verbracht wird. Es besteht jedoch Grund zu der Annahme, daß sich Littles Beobachtungen auf eine pathologische Stichprobe von Erwerbspersonen beschränkten.

wenn nicht R/w immer konstant und gleich Null gewesen ist?

Die Lösung dieses gräßlichen Paradoxons führt dem ermatteten Leser aufs neue die Schönheit und die Rätselhaftigkeit des ökonomischen Märchenlandes vor Augen. Man beachte, daß die Quelle des Nichtarbeitseinkommens „Kapital" genannt wird. Wenn r der Tageszinssatz, K der Kapitalstock und B die Anzahl der Erwerbspersonen ist, dann beträgt das durchschnittliche Nichtarbeitseinkommen pro Tag $R = rK/B$. Dann ist

$$\frac{R}{w} = \frac{(1-s)\, rK}{(1-s)\, wB}.$$

Weil das gesamte tägliche Arbeitseinkommen $(1-s)\,wB$ beträgt, ist

$$\frac{rK}{(1-s)\, wB}$$

die Gewinnquote, die bekanntlich im Zeitablauf bemerkenswert konstant und faktisch gleich $\frac{1}{4}$ ist. Deshalb ist in allen historischen Epochen der Durchschnittswert von R/w gleich $(1-s)/4$. Wenn wir uns vergegenwärtigen, daß

$$s = \frac{1}{3}\left[1 + \frac{R}{w}\right]$$

ist, richtig einsetzen und nach s auflösen, erhalten wir $s = \frac{5}{13}$. Nun ist $\frac{5}{13} \cdot 24 = 9{,}231$ Stunden. Folglich haben wir elegant Hodiris ermüdendes „Erstes Morpheusgesetz" bestätigt, nämlich: „Zu allen Zeiten hat der Durchschnittsmensch gleich viel Zeit im Bett verbracht."

Zwischen Hodiris banalem „Zweiten Morpheusgesetz", das besagt „Die meisten Leute schlafen acht Stunden am Tag", und unserer unanfechtbaren Beweisführung, daß der Durchschnittsmensch immer 9,231 Stunden am Tag im Bett verbringt, klafft eine gähnende Lücke. Die Astronomen vermuteten wegen einer auffälligen Abweichung der Planetenbahnen von den theoretisch vorhergesagten, daß der Planet Pluto existiert. Wir müssen vermuten, daß der Durchschnittsmensch 1,231 Stunden am Tag im Bett mit etwas anderem als mit Schlaf verbringt. Ich erwarte gespannt die Meldung, daß ein tief in die Materie eingedrungener Theoretiker oder unermüdlicher Dataist tatsächlich Aktivität X entdeckt hat.

Literatur

EL HODIRI, M.A., The Economics of Sleeping, *Manifold Publications*, 17 (1975), S. 13; *dt.:* S. 145ff. dieses Bandes.

Die tiefere Ökonomik des Schlafens

Wichtige Hinweise
für die Entdeckung von Aktivität X

von
Emily P. Hoffman,
University of North Carolina
at Chapel Hill

In einer Miszelle, die kürzlich in dieser Zeitschrift erschienen ist, stellt Professor T.C. Bergstrom (1976) ein Nutzenmaximierungsmodell vor, demzufolge der Durchschnittsmann 9,231 Stunden im Bett verbringt (8 Stunden mit Schlaf, 1,231 Stunden mit Aktivität X). Das sind 1,231 Stunden mehr als nach dem Modell von Professor M.A. El Hodiri (1973). Die beiden Modelle unterscheiden sich darin, daß El Hodiri Einkünfte aus Kapitalvermögen vernachlässigt, die Bergstrom in der Budgetrestriktion berücksichtigt. Die vorliegende Abhandlung führt eine andere Nutzenfunktion und eine andere Budgetrestriktion ein und trägt damit vielleicht zur Identifizierung von Aktivität X bei.

Ich möchte George J. Stigler für hilfreiche Kommentare danken.

El Hodiri und Bergstrom spezifizierten die Nutzenfunktion falsch, weil sie es versäumten, bei der Formulierung ihrer Modelle den feministischen Standpunkt zu berücksichtigen. Möglicherweise ist ihnen nicht bewußt, daß die mikroökonomische Theorie neuerdings (Schultz 1974) die Existenz von Frauen anerkennt. Die korrekte Formulierung ist wie folgt. Die Familie[1] maximiert ihre Nutzenfunktion:

$$U(x_f, x_m, s_f, s_m) = x_f^2 x_m^2 s_f s_m.$$

Unter der Annahme, daß für Frau (f) und Mann (m) Geschmack und Konsumpräferenzen (x) und der im Bett verbrachte Anteil an den 24 Stunden des Tages (s) gleich sind – das ist die Erste (notwendige, aber nicht hinreichende) Bedingung ehelicher Stabilität – kann dies als $x^4 s^2$ geschrieben werden. El Hodiri und Bergstrom verwendeten $x^2 s$ als Nutzenfunktion, die vom Individuum maximiert wird. Die Nutzenfunktion muß multiplikativ sein, weil der Nutzen jedes Ehepartners vom Nutzen des anderen abhängt, da abhängige Nutzen Liebe implizieren. Wenn sich die beiden lieben, hängt für jeden Ehepartner der Grenznutzen aus x sowohl vom eigenen Konsum und den im Bett verbrachten Stunden ab als auch vom Konsum des Ehepartners und den Stunden, die dieser im Bett verbringt. Wenn sie sich nicht lieben, hängt der eigene Grenznutzen aus x nur vom eigenen Konsum und den selbst im Bett verbrachten Stunden ab. Diese beiden Fälle lassen sich folgendermaßen ausdrücken:

---

[1] Der radikale feministische Standpunkt macht es erforderlich, den Begriff Familie durch ZLV (Zusammenlebensvereinbarung) oder Haushalt zu ersetzen und f und m durch Person 1 und Person 2.

(1) $\dfrac{dU}{dx_f} = \dfrac{dU}{dx_m} = F(x_f, x_m, s_f, s_m)$ mit Liebe;

(2) $\dfrac{dU}{dx_f} = F(x_f, s_f)$ und $\dfrac{dU}{dx_m} = F(x_m, s_m)$

ohne Liebe.

Wenn die Erste Bedingung ehelicher Stabilität nicht erfüllt und eine additive Nutzenfunktion gewählt worden wäre $(x_f^2 s_f + x_m^2 s_m)$, dann hätten wir den Fall eines Ehepaars, das einander nicht liebt. Ich gehe jedoch von der Prämisse aus, daß Frau und Mann einander lieben.

El Hodiri und Bergstrom spezifizierten die Budgetrestriktion falsch, wiederum aufgrund ihres Versäumnisses, bei der Formulierung den feministischen Standpunkt zu berücksichtigen. Sie vergaßen die Bezahlung für die Hausarbeit, den Wert der weiblichen Beiträge zur Nichtmarktproduktion, den Paul Samuelson jetzt in der zehnten Auflage von *Economics* (1976) anerkennt und der unlängst Gegenstand von Untersuchungen der *Social Security Administration* gewesen ist (1975). Die korrekte Formulierung der Budgetrestriktion lautet: $x = w(1-s) + R + H$, wobei w der durchschnittliche Tageslohnsatz ist, R das tägliche Kapitaleinkommen und H der Wert der täglichen Nichtmarktproduktion. El Hodiris Budgetrestriktion bestand nur aus dem ersten Ausdruck, $w(1-s)$, Bergstroms Budgetrestriktion aus den beiden ersten Ausdrücken, $w(1-s) + R$. Aus zwei Gründen wird hier angenommen, daß w für Frauen und Männer gleich ist: 1. Es ist verboten, Frauen und Männern für im wesentlichen gleiche Arbeit unterschiedlich zu bezahlen[2]. 2. Frau und Mann leisten ähnliche Arbeit,

---

[2] *Equal Pay Act* von 1963.

weil sie annahmegemäß beide gleich viel in Humankapital investiert haben. Das ist die Zweite (notwendige, aber nicht hinreichende) Bedingung ehelicher Stabilität.

Setzt man die Budgetrestriktion,

$$s = w \left[(1-s) + \frac{R}{w} + \frac{H}{w} \right],$$

in die Nutzenfunktion, $x^4 s^2$, ein und maximiert[3], so ergibt sich als Lösung

$$s = \frac{1}{3} \left[1 + \frac{R}{w} + \frac{H}{w} \right].$$

In Anlehnung an Bergstrom setze ich für R/w den Ausdruck $\frac{1}{4}(1-s)$ ein. Für H/w setze ich den Ausdruck $(1-s)$ ein, weil ich annehme, daß der Wert der geleisteten Nichtmarktverdienste den Marktverdiensten gleich ist. Die Lösung ist $s = \frac{9}{17}$, woraus sich $\frac{9}{17} \cdot 24 = 12,706$ im Bett verbrachte Stunden pro Tag ergeben. El Hodiris banales „Zweites Morpheusgesetz" besagt, daß acht von diesen 12,706 Stunden schlafend verbracht werden. Während Bergstrom zeigt, daß sich der Durchschnittsjunggeselle [4] 1,231 Stunden mit Aktivität X beschäftigt, zeige ich, daß das Durchschnittsehepaar 4,706 Stunden dabei verbringt. Das ist sicher ein wichtiger Grund für die allgemeine Beliebtheit der Ehe. Die Dritte (notwendige,

---

[3] Das Aufkommen moderner Datenverarbeitungsanlagen hat zum Einsatz exhaustiver numerischer Methoden ermutigt, wie sie Bergstrom vorschlägt; die klassischen analytischen Techniken sind aber noch auf viele Fälle anwendbar.

[4] Ich bin nicht genügend emanzipiert, um den Fall von Junggesellinnen zu berücksichtigen. Es bleibt anderen, tapfereren Schwestern überlassen, diese bislang auf keiner Landkarte verzeichnete Region zu erkunden.

aber nicht hinreichende) Bedingung ehelicher Stabilität ist, daß Frau und Mann hinsichtlich Aktivität X übereinstimmen.

Weitere Forschungen sind nötig; ich habe aber den Verdacht, daß X-Effizienz (Leibenstein 1966) nicht kompatibel damit ist, daß 4,706 Stunden mit Aktivität X verbracht werden.

Literatur

BERGSTROM, T. C., Toward a Deeper Economics of Sleeping. *Journal of Political Economy*, 84 (1976), 411–412; *dt.:* S. 148ff. dieses Bandes.

EL HODIRI, M. A., The Economics of Sleeping, *Manifold Publications*, 17 (1975), S. 13; *dt.:* S. 145ff. dieses Bandes.

LEIBENSTEIN, HARVEY, Allocative Efficiency vs. 'X-Efficiency'. *American Economic Review,* 56 (1966), 392–415.

SAMUELSON, PAUL A., *Economics*. 10th ed, New York 1976.

SCHULTZ, T.W., (Hrsg.), *Economics of the Family: Marriage, Children, and Human Capital*. New York 1974.

SOCIAL SECURITY ADMINISTRATION, Economic Value of a Housewife. *Research and Statistics Notes,* note no. 9. Washington, D.C. 1975.

Über den lust-vermehrenden technischen Fortschritt[1]

von
Martin J. Beckmann,
München/Providence

Die neoklassische Wachstumstheorie ist von ihrem hohen Sockel herabgestiegen: Nichts ist mehr, was es einmal war; selbst die Zukunft nicht. Wenn auch die Zeit der großen Würfe vorbei zu sein scheint, so wird doch in der Stille – unveröffentlichte Dissertationen, Schubladenmanuskripte – emsig weiter geschafft. So darf ich hiermit einer nichts ahnenden Fachwelt die Früchte meines verborgenen Fleißes, die Ergebnisse meiner nicht-mathematischen Stunden, in vorläufiger Form vorlegen. Es geht um nichts weniger als einen neuen Typ von technischem Fortschritt. Ein solches Thema ist in hervorragendem Maße geeignet, eine Brücke zwischen der mathematischen und der geisteswissenschaftlichen Richtung in unserer Wissenschaft zu schlagen.

Mein Referat zerfällt in vier Teile: Definition – Lehrstücke aus der Vergangenheit – erschreckende Gegenwartstendenzen – wirtschaftspolitische Folgerungen.

---

[1] Abendleerender Vortrag vor dem 4. Ottobeurer Seminar, für die 5. Auflage neu bearbeitet.

1. Definition

Es ist schon gelegentlich angeklungen, daß es neben dem Arbeits- und Kapital-vermehrenden (Faktor-vermehrenden) und dem Produkt-vermehrenden technischen Fortschritt noch einen weiteren Typ geben muß, den man durch die Umkehrung des Schlagwortes: „Mehr rauchen und weniger genießen" erhält, nämlich, mehr Nutzen bei festgehaltener Konsummenge. Das wäre das letzte Glied in der Kettenformel

$$A(t) = U(B(t)F(C(t)L,D(t)K))$$

drin ist U eine Nutzenfunktion
F die neoklassische Produktionsfunktion[2]
L Arbeit
K Kapital
$C(t), D(t)$ Faktor-vermehrende Effizienzeinheiten
$B(t)$ die Lustvermehrung.

Die Bedeutung des Lust-vermehrenden technischen Fortschritts tritt vor allem in der Analyse der langfristigen Wachstumsprozesse hervor. Denn wenn es einmal zu einem stationären Zustand kommt und wenn die düsteren Prognosen der Stagnatiker sich einstellen, so daß also die Möglichkeiten des Produkt- und Faktor-vermehrenden technischen Fortschritts ausgeschöpft sind und also kein materieller technischer Fortschritt mehr denkbar ist, dann bleibt uns als letzte Hoffnung nur noch die Steigerung des Nutzenniveaus durch den Lust-vermehrenden technischen Fortschritt (LTF). Ich hoffe aber zu zeigen, daß der LTF ganz neue Perspektiven auf alle bekannten Gebiete der Mikro-Theorie eröffnen wird.

2. Der LTF in der Wirtschaftsgeschichte

Die Geschichte des LTF ist die Geschichte der Zivilisation. Denn wodurch unterscheidet sich der zivilisierte Mensch vom Barbaren? Der Barbar hat zwar Ressourcen, die er vielleicht sogar effizient ausnützt, aber er versteht es nicht, das Endprodukt zu genießen. Die Entwicklung der Zivilisation hat zum Inhalt die Verbesserung in der Verwendung von Gütern und Dienstleistungen durch Verfeinerung des Genusses und durch Erweiterung der Genußmöglichkeiten. Das sind die Grunddimensionen des LTF.

Brillat-Savarin hat gesagt: „Wer ein neues Gericht erfindet, leistet der Menschheit einen größeren Dienst als wer einen neuen Stern entdeckt". In der Tat ist die Entwicklung der Kochkunst eine der wichtigsten Komponenten in einem Index des LTF. Im übertragenen Sinne stellt ja auch die ökonomische Theorie eine Art verfeinerter Nudelküche dar.

Die Geschichte der Kleidermoden – in ihren liberalen Phasen – liefert weitere lehrreiche Illustrationen zum LTF. Dabei ist davon auszugehen, daß es nicht auf die Stoffmenge, also Produkt, sondern auf deren Verteilung ankommt. Was man zeigen darf, ändert sich bekanntlich mit den Zeiten, und die Dynamik der Rocksäume bietet dem Neoklassiker Stoff zu vielen marginalen Betrachtungen.

Jane Mansfield war, glaube ich, die Entdeckerin der Möglichkeiten, die in einem zu engen Pullover stecken, während Brigitte Bardot allgemein mit dem Bikini – dem „residual claimant" in der Grenzproduktivitätstheorie – in Verbindung gebracht wird. (Im übrigen eine schlagende Illustration von „less is more".) In unseren Tagen beobachten wir das Fallen der Röcke und den Siegeszug der Hosen, was die Beinfetischisten zwingt, sich neuen Regionen zuzuwenden. Hierzu zwei Anekdoten:

Amerikaner in London zu einem Mädchen gelegentlich eines Windstoßes: „Airy, isn't it?" Darauf die Schöne: „What did you expect, feathers?"

Mann an einer Bar mit Bewunderung auf die engen Hosen seiner Nachbarin schauend: „Tell me, how does one get inside those pants?" – „Well, you start by buying me a drink!" Sollte der betreffende Herr der Dame tatsächlich einen Drink gekauft haben, so ist das natürlich eine Investition und kein Konsum.

Bei der Wohnkultur will ich mich auf die zwei wichtigsten Beispiele beschränken: die Zentralheizung bzw. Klimaanlage – die Herr Bombach aber wieder abstellen möchte – und das Bett, bei dem sich der Bereich der technischen Möglichkeiten sehr ausgeweitet hat: von der Schweizer Lättlicouch über die Schaumstoffmatratzen verschiedener Härtegrade und die kreisrunden Bettanlagen der Playboy Klubs bis hin zum Wasserbett.

Bei den reinen (aber auch bei den unreinen) Dienstleistungen ist der LTF vielleicht am deutlichsten erkennbar. So haben die Orientalen das alte Handwerk der Massage offenbar erheblich verbessern können, wenngleich die Polizei sich der Ausbreitung des LTF auf diesem Sektor im Okzident noch stellenweise widersetzt. Auch die Haarkünstler sinnen beständig auf technische Verbesserungen.

In Kunst, Literatur und Musik ist es riskant, vom technischen Fortschritt zu sprechen. Doch ist nicht zu verkennen, daß sich auch in den Künsten eine ständige

Erweiterung der Möglichkeiten vollzieht. Es kommt sogar gelegentlich dazu, daß einer so nüchternen Wissenschaft wie der ökonomischen die Verbindung mit der Kunst gelingt, wie das berühmte Beispiel der weite Wellen schlagenden OP-Economics überzeugend zeigt.

3. Gegenwartstendenzen

Eine besondere Note gewinnt der LTF in unseren Tagen durch die Verknappung der Zeit. So wird ein Anreiz geschaffen für die Intensivierung des Genusses im Konsum, worauf G. Becker schon hingewiesen hat. Man sieht die Entwicklung auch klar am Film (Schon Max Weber hat gesagt, wer anschauliche Nationalökonomie will, gehe ins Lichtspieltheater): Stummfilm-Tonfilm-Farbfilm-Stereofarbfilm-Riechfilm (smellovision – das hat es wirklich als Experiment gegeben) – und Fühlfilm: feelies – allerdings nur in der science fiction von Aldous Huxley.

Ein gemütlicher Abend zu Hause sieht heutzutage so aus: In einem Arm hat man seine (in fortschrittlicheren Haushalten die Nachbars-)Frau. Vor einem läuft das Fernsehen mit leisem Ton, dazu eine Stereo HiFi-Anlage mit neoklassischer Musik. Man raucht eine Zigarette und liest in einem Buch, trinkt ab und zu aus einem Weinglas und knabbert an Cocktailnüssen.

Über die Zunahme des Tempos im Sport braucht nicht viel gesagt zu werden: Skilifte, Wasserski, Tischfußball, Heimsportgeräte, Schwimmbäder mit Gegenstrom plus Sauna und Kochbecken mit Strahl, daneben ein Trampolin und im Wasser noch Musik und Wellen. Wie hat der LTF es herrlich weit gebracht!

Den Höhepunkt des LTF stellt nach meiner Erfahrung jedoch Volleyball mit gemischter Mannschaft – am FKK – dar.

Übrigens war es Hayek, der darauf hingewiesen hat, daß die populären Sportarten von heute die Erfindungen des müßigen englischen Hochadels im vorigen Jahrhundert gewesen sind, der damit nachträglich eine legitime Funktion für die Volkswirtschaft erhält. Ganz ähnlich ist die Funktion, wenn auch nicht die Selbsteinschätzung, der Schausteller auf der Hamburger Reeperbahn. Sie stehen in der Vorderfront (cutting edge) des technischen Fortschritts auf dem Gebiet des Sexsports. Die Liberalisierung der Ansichten und Praktiken beim allgemeinen Publikum treibt diese Schumpeterianischen Unternehmer zu immer neuen Innovationen. Wieder einmal ist es die (nahezu) vollkommene Konkurrenz, die wahre Wunder leistet. Und so entstehen immer gewagtere Schaustellungen und kühnere Perversionen, sogar solche mit aktiver Teilnahme aus dem Publikum: dirty old men need love, too. Kein Wunder, daß die alten Folies Bergère ihre Tore bald schließen sollen. Was dort gezeigt wird, können nur noch Engländer als titillierend empfinden.

Doch kein Paradies ohne Schlange. Schon sind erschreckende Gegentendenzen erkennbar. Die notorische Prüderie der unteren Mittelklasse hat sich von ihrer kurzfristigen Rezession erholt. Playboy darf nicht mehr alles zeigen, vor allem nicht auf der Umschlagseite. Die sich ausbreitende Angst vor Aids hat die Experimentierfreudigkeit bei den Freunden des indoor sports erheblich eingeschränkt. Der Kondom ist nicht mehr tabu, auch nicht als Gesprächsthema – die Busse in San Francisco genieren sich nicht, außen die Werbebotschaft „Use condoms" zu tragen. Die Zeitschrift Cosmopolitan – the girl's best friend – bringt Ratschläge, wie man den neu eroberten Liebhaber dazu bringt, diese noch ungewohnte Technik auch anzuwenden. Welch reizender Beweis für Risikoscheu beim errötenden schwachen Geschlecht.

4. *Wirtschaftspolitische Folgerungen*

Nach altem wirtschaftstheoretischen Brauch zögere ich nicht, aus dieser sehr skizzenhaft entwickelten fragwürdigen Theorie sogleich weittragende wirtschaftspolitische Folgerungen zu ziehen. Es geht also hier wie in der Philosophie: was können wir glauben, was dürfen wir hoffen, was sollen wir tun? Als erstes wäre vom Staat zu verlangen, daß er jeden nach seiner Fasson die Lust vermehren lassen soll. Des weiteren wäre ihm anzuempfehlen:

1) Gründung von Knödelakademien zur allseitigen Hebung der Kochkunst.

2) Errichtung von Lehrstühlen: nicht „List"-Professuren, sondern „Lust"-Professuren.

3) Für die Volkswirtschaftliche Gesamtrechnung die Schaffung eines „Sozial-Lust-Indikators".

In diesen könnten etwa die folgenden Statistiken eingehen:

a) Zahl der Gourmetkochbücher auf dem Markt.

b) Zahl der Wasserbettbrüche pro qm Wohnfläche und Jahr.

c) Annoncenaufkommen vom Typ: „Modernes aufgeschlossenes Ehepaar mit akademischer Bildung sucht gleichgesinntes zwecks gemeinsamer Freizeitgestaltung (Betriebswirte ausgeschlossen)".

d) Zahl der Subskriptionen auf Bild, tz, Playboy und Jahrbücher für Nationalökonomie und Statistik – es ist eine Lust, die zu lesen.

e) Zahl der Sexläden, Massegeparlors und soziologischen Seminare pro Kopf der Bevölkerung.

f) Häufigkeit von Encountergruppen und von Tagungen in Kurorten.

g) Hotelregistrierungen unter dem Namen Schmitt, Meyer, Braun, Gahlen usw.

h) Last not least „Frequenz der schwäbischen Abende" (wobei über das Vorzeichen zu diskutieren wäre).

Mit Brillat-Savarin mußte man sagen: Wer eine neue Stellung erfindet... Hier möchte ich nun selbst einen positiven Beitrag leisten und dabei wieder einmal die Möglichkeiten dartun, die für den intelligenten Benutzer der neoklassischen Theorie stecken.

In der älteren Aufklärungsliteratur – selbst ein Vehikel des LTF – wird noch vor allzu großer Indulgenz gewarnt.

Nicht nur soviel Abwechslung wie möglich, sondern auch so oft man kann. Wie so oft wird die Wahrheit jedoch in der Mitte liegen. Das Diagramm auf der gegenüberliegenden Seite gilt für alle wiederholbaren Konsumtätigkeiten.

Die hier gezeigte amouröse Robinsonformel führt auf die goldene Regel der Abstinenz: $-u' = u/x$ konsumiere so häufig, daß der Grenznutzen gerade gleich dem Durchschnittsnutzen wird.

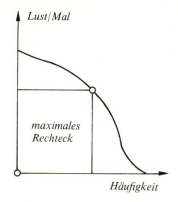

Abbildung 1: Die amouröse Robinson-Formel

Verständnisfragen:

1. Welche Beziehung besteht zwischen „learning by doing" und dem rheinischen „je oller, je doller?"

2. Bei welchem Schwerpunktprogramm der DFG ließe sich der LTF am ehesten unterbringen?

Eine Anmerkung zu den
Opportunitätskosten des Heiratens

von
Gary North,
University of California,
Riverside

Die Lehre von den „Alternativkosten" war einer der wichtigsten konzeptionellen Durchbrüche, die die Marginalisten des 19. Jahrhunderts erzielt haben. Vor 1870 war man das Denken in derartigen Begriffen nicht gewohnt. Wie konnte ein Stück Land, das außer Steuern keine Betriebskosten mit sich brachte, eine wirtschaftliche Last sein? Man dachte selten an die Möglichkeit, daß das Land verkauft und der Erlös anderweitig, etwa zur Erzielung von Zinsen bei einer Bank, verwendet werden könnte. Den Leuten kam es nicht in den Sinn, daß der entgangene Zins aus einer derartigen Investition als Betriebskosten zu kalkulieren und deshalb vom Gesamtgewinn abzuziehen ist.

Das ist alles ziemlich elementar. Jeder qualifizierte Ökonomiestudent weiß es schon nach dem ersten Semester. Aber die Handlungsweise einiger meiner Berufskollegen – sogar aus dem Fachbereich Ökonomie – gibt Anlaß zu der Vermutung, daß sich die vollständigen

Implikationen der Lehre in diesem Jahrhundert, vom neunzehnten gar nicht zu reden, nicht bemerkbar gemacht haben. Das herablassende Lächeln, das wir für die falschen Auffassungen in den Buchführungs- und Geschäftspraktiken des neunzehnten Jahrhunderts übrig haben, sparen wir besser für uns selbst auf.

Betrachten wir zum Beispiel die Heirats-Verhaltensmuster der meisten Männer mit Hochschulbildung. Es besteht eine merkliche Tendenz von Studenten und Hochschulabsolventen, Frauen zu heiraten, die ebenfalls eine Hochschule besuchen oder besucht haben. Man neigt dazu, einen Partner mit ähnlichem Erziehungs- und sozialem Hintergrund zu wählen (oder, wie es Professor Keith Berwick formuliert hat: „Man heiratet den Menschen, der da ist, wenn man am anfälligsten ist"). Aber der Mann, der eine Frau mit Hochschul- oder Berufsausbildung wählt, sucht sich eine sehr teure Lebensgefährtin aus. Ich spiele hierbei nicht auf die offensichtlich gestiegenen Kosten an: zum Beispiel auf ihren teureren Geschmack, der sich infolge ihrer breiter angelegten Erziehung herausgebildet hat, oder auf ihre früheren Bekanntschaften zu gut betuchten Studenten, deren Monatswechsel dazu beigetragen haben, ihre Maßstäbe für das „gute Leben" hochzuschrauben (und sie so einem „ehelichen Duesenberry-Effekt" zu unterwerfen, wenn sie einen Mann mit durchschnittlichen finanziellen Mitteln heiratet). Der letztgenannte Fall zeigt, daß es schlau ist, nur Mädchen zu heiraten, die ihre Bekanntschaften auf Studenten mit niedrigem Stipendium beschränkt haben. Das sind jedoch alles periphere Probleme. Wichtiger ist etwas ganz anderes: die Opportunitätskosten einer gebildeten Frau.

Einer meiner Freunde ist ein klassisches und etwas

tragisches Beispiel. Er ist Assistenzprofessor für Geschichte und verdient etwa 8500 Dollar pro Jahr. Er ist
ein guter Familienvater, was sich an seinen drei hübschen
Kindern und einer hohen Hypothek zeigt. Er ist mit einer
bemerkenswerten Frau verheiratet, einer promovierten
Physikerin. Würde sie ihre Talente einer der zahlreichen
Industriefirmen in der Gegend anbieten, so könnte sie
wahrscheinlich ein Anfangsgehalt von 12 500 Dollar verdienen, und vielleicht noch viel mehr. Folglich sieht sich
mein Freund in einer schlimmen Lage: Die Kosten seiner
Haushaltsführung nähern sich wahrscheinlich dem Betrag von 20 000 Dollar im Jahr. Davon können wir den
Nutzen abziehen, den er von den hausfraulichen Fähigkeiten seiner Frau hat (mit denen es, wie sie zugibt, nicht
sehr weit her ist) – sagen wir 5000 Dollar – wodurch sich
seine Kosten auf etwa 15 000 Dollar reduzieren. Wenn,
wie man sagt, „eine Frau ins Haus gehört", dann kostet
ihn seine Frau jährlich ein kleines Vermögen – fast
doppelt so viel, wie sein Gehaltsscheck erlaubt. Wenn
man das noch höhere Gehalt berücksichtigt, das sie mit
den Jahren einbüßt, werden die schwindelerregenden
Kosten seiner Ehe deutlich: Einige Spitzenphysiker verdienen 50 000 Dollar im Jahr!

Das ist natürlich ein Ausnahmefall. Nicht alle Historiker sind mit Physikerinnen verheiratet. Aber es ist klar,
worauf es ankommt: Nur seine Unkenntnis grundlegen-
der ökonomischer Prinzipien konnte meinen Freund zur
Wahl einer finanziell derart verhängnisvollen Lebensgefährtin verleiten. Jemand, der weniger als 45 000 Dollar im Jahr verdient, sollte keine Frau mit einer solchen
Ausbildung heiraten; er könnte sich eine so kostspielige
Haushälterin überhaupt nicht leisten.

Die einzige Hoffnung meines Freundes ruht auf seinen

Kindern. Wenn sie alle als Naturwissenschaftler promovieren oder äußerst erfolgreiche Geschäftsmänner werden, dann können seine Einkünfte im Alter vielleicht die entgangenen Kosten seiner haarsträubend unökonomischen Heirat kompensieren. Unglücklicherweise ist der Mann mit drei Töchtern geschlagen. Die Tragödie, die sein ökonomisches Leben überschattet, ist geradezu überwältigend.

Kein angehender Historiker sollte je daran denken, eine Frau mit mehr als einer abgeschlossenen Zwischenprüfung zu umwerben. Ein Magister der Geschichte sollte ein Mädchen ausfindig machen, das aus der Oberschule ausgestiegen ist; alles andere ist wirklich ein Luxus, den er sich nicht leisten kann. Aus der Sicht der zeitgenössischen Ökonomie ist die beste Art von Frau offensichtlich eine Frau ohne Ausbildung, die sich zu einer meisterhaften Haushälterin und/oder Köchin entwickelt hat. Wer so jemanden heiratet, büßt nicht nur geringe Opportunitätskosten in Form ihres entgangenen Gehalts ein, sondern gelangt auch gleichzeitig in den Genuß der Leistungen einer verhältnismäßig kostspieligen Hausbediensteten. Natürlich bringt das eine etwas unpatriotische Handlungsweise mit sich. Der Mann, der seine Frau aus dem Markt nimmt, vermindert das BSP der Nation, und insofern BSP-Zahlen Propaganda für die betreffende Nation sind, kann er den Bemühungen der *US Information Agency* in anderen Ländern Abbruch tun. Aber seine persönlichen wirtschaftlichen Vorteile dürften alle etwaigen politischen Bindungen aufwiegen.

Ich habe mich hier auf Historiker beschränkt, weil ihre Situation ökonomisch am klarsten zu Tage liegen dürfte. Zweifellos sind weitere einschlägige Forschungen nötig, in denen das Opportunitätskostenkonzept für eine große

Anzahl von Bildungs- und Berufsgruppen mit den Hei-
ratskosten verknüpft wird. Der Berufsökonom sollte sich
klarmachen, wie das Versäumnis, ökonomische Gedan-
kengänge auf ein wichtiges praktisches Problem anzuwenden, wirtschaftlichem Unheil in tausenden, möglicherweise Millionen von Familien überall in Amerika,
ja in der ganzen Welt, Vorschub leisten kann. Etwas muß
zur Änderung der Lage geschehen. Ich kann nur hoffen,
daß mein kleiner Beitrag weitere einschlägige Forschungen anregt.

Heiratsverhalten
und Opportunitätskosten

von

Madelyn L. Kafoglis,
Guilford College

Gary Norths hintergründige Analyse der „Opportunitätskosten" des Heiratens[1] wirft interessante Fragen der
Ökonomik des privaten Haushalts auf. North erörtert
die Situation eines 8500-Dollar-Assistenzprofessors für
Geschichte, dessen Frau als Physikerin einen Marktwert
von 12500 Dollar hat. Weil eine Frau ins Haus gehört,
entgehen dem Mann 12500 Dollar in bar; er bekommt
dafür eine mittelmäßige Haushälterin mit teurem Geschmack und sieht sich schließlich mit „Opportunitätskosten" belastet, die sein Einkommen übersteigen, und
in einer Ehe, die „haarsträubend unökonomisch" und
„finanziell verhängnisvoll" ist. North gelangt zu dem
(scherzhaften?) Schluß, daß „aus der Sicht der zeitgenössischen Ökonomie ... die beste Art von Frau offensichtlich eine Frau ohne Ausbildung [ist], die sich zu einer
meisterhaften Haushälterin und/oder Köchin entwickelt
hat". Mich interessieren nicht die Männer, die schon

---

[1] *Journal of Political Economy,* 76 (1968), 321–323; *dt.:*
S. 166ff. dieses Bandes.

gebildete Frauen geheiratet haben – deren Kosten sind
fix und bei fixen Kosten ist halt nichts zu machen[2] –
sondern mich interessiert der junge Akademiker, der
North ernst nehmen und eine aussichtsreiche Werbung
um eine hoffnungsvolle Doktorandin abbrechen könnte.
Mich interessiert auch Norths Interpretation der Opportunitätskosten, die (a) zwei verschiedene Modelle und die
dazugehörigen Annahmen verwechselt und (b) implizit
Annahmen über Eigentumsrechte am Einkommen der
Ehefrau einführt.

In der vorehelichen Planungsperiode muß der künftige
Ehemann zwischen zwei Frauen wählen: die eine hat eine
gute Ausbildung genossen, die andere dagegen ist, um
Norths Charakterisierung zu verwenden, aus der Oberschule ausgestiegen. Ich nehme an, daß der Mann mit
seiner Wahl den Gegenwartswert seines erwarteten
Realeinkommens maximiert. Stellt er diese Berechnungen auf der Basis eines „Die-Frau-gehört-ins-Haus"-
Ehevertrags an, so sind die entgangenen Marktverdien-
ste der gebildeten Frau, wenn die Ringe erst einmal
gewechselt sind, nicht länger als Opportunitätskosten zu
betrachten – weder für den Mann, noch für die Frau,
noch für irgend jemanden sonst. Sie sind, kraft vertragli-
cher Vereinbarung, irrelevant. Geht man vom „Frau-ins-
Haus"-Vertrag aus, so wird sich der Mann bei der Wahl
seiner Frau nach den haushälterischen Fähigkeiten der
Kandidatin richten, nach den Kosten, die ihr Geschmack

---

[2] Ob man hier allerdings alleine mit der Erkenntnis arbeiten
kann, daß fixe Kosten vergessen werden können, muß man
bezweifeln. Gerade die variablen Kosten gebildeter Frauen
könnten ein interessantes Objekt ökonomischer Betrachtungen
sein. *(Anmerkung des Herausgebers)*

mit sich bringt, und nach anderen Merkmalen, die im Rahmen des „Frau-ins-Haus"-Modells zulässig sind.

North läßt sich zu der Vorhersage verleiten, daß sogar in diesem Falle die Wahl auf das Mädchen fallen wird, das aus der Oberschule ausgestiegen ist. Er muß aber zugeben, daß es andere Eigenschaften gibt, die die Waagschale zugunsten der promovierten Frau neigen könnten. Im Gegensatz zur Annahme von North braucht der Geschmack einer gebildeten Frau nicht teurer zu sein. Weil sie gebildet ist, weiß sie vielleicht die „wahren Werte", wie kostenlose Bücher aus der Bibliothek, eher als „überflüssige" Dinge wie Pelze zu schätzen. Man darf wohl annehmen, daß eine gebildete Frau diese Dinge ausfindig macht – besonders dann, wenn sie Ökonomie an der Universität Chicago studiert hat, wo intensiv nach freien Gütern und externen Vorteilen geforscht wird. Hinsichtlich ihrer hausfraulichen und anderen Fähigkeiten als Ehefrau kann die Entscheidung so oder so ausfallen. Die Dienstleistungen werden qualitativ verschieden sein und von verschiedenen Männern verschieden beurteilt werden. Ich gelange zu dem Schluß, daß die ökonomische Theorie auf der Basis des „Frau-ins-Haus"-Modells die rationale Wahl nicht vorhersagen kann.

Es trifft zu, daß die Investitionen in die Ausbildung der Braut am Tage der Ehevertragsschließung abgeschrieben werden müssen. Zu diesem Zeitpunkt wird der Braut, ihrem Vater, den Steuerzahlern und anderen, die zu ihrer Ausbildung beigetragen haben, ein Pauschalverlust auferlegt. Aber weil der Bräutigam bis zu diesem Zeitpunkt nicht beteiligt war, braucht das nicht seine Sorge zu sein. Wenn andererseits der Ehemann für die Ausbildung seiner Frau zahlt, kommt Irrationalität ins Spiel. Es ist irrational, wenn ein Mann seine eigene Frau (oder die

Frau eines anderen) über das für ihren Platz erforder-
liche Minimum hinaus ausbildet. Weil viele Ehemänner
und Väter sich trotzdem derart pygmalionhaft verhalten,
muß an der Ausbildung einer Frau mehr dran sein, als
North mit seinem Ansatz bewältigen kann. Es mag
irrational sein, für die Ausbildung seiner Frau Geld zu
bezahlen; es ist aber auf jeden Fall nicht unökonomisch,
eine gebildete Frau zu heiraten. Wenn es nicht unökonomisch ist, ein gebildete Frau zu heiraten – wer sagt denn,
daß die Situation nach der Heirat unökonomisch wird?

Das Dilemma in Norths Analyse rührt daher, daß er
sich weigert, bei seinen Annahmen zu bleiben. Der Assistenzprofessor für Geschichte hat, vor Liebe blind, im
Rahmen des „Frau-Ins-Haus"-Modells die promovierte
Physikerin geheiratet – dann wirft er einen sehnsüchtigen
Blick auf den Markt, sieht ein 12000-Dollar-Etikett an
seiner Frau, und auf einmal werden ihm mehr Optionen
bewußt, als er bei einer Heirat mit dem Mädchen gehabt
hätte, das aus der Oberschule ausgestiegen ist. Leider
sind diese Optionen infolge seines Ehekontrakts verfal-
len, und natürlich ist er vermessen, wenn er überhaupt
annimmt, daß es *seine* Optionen waren. Seine Kosten
erhöhen sich, weil sich seine dreisten Besitzansprüche
erhöhen. Was kann er tun? Er kann versuchen, einen
neuen Ehevertrag auf der Basis eines Marktmodells ab-
zuschließen. Wenn es ihm gelingt, seiner Frau den Eintritt in den Arbeitsmarkt schmackhaft zu machen, kann
er besser dran sein, als wenn er das Mädchen geheiratet
hätte, das aus der Oberschule ausgestiegen ist. Gemeinsame Maximierung resultiert wahrscheinlich dann, wenn
die Frau halbtags arbeitet und der Mann einen größeren
Teil der Haushaltspflichten übernimmt. Wie die Partner
das Einkommen untereinander aufteilen, läßt sich

schwer vorhersagen. Wenn der Mann seine Frau dazu überreden kann, ihm den neuen Gehaltsscheck abzutreten – auf den er kraft des ursprünglichen „Frau-ins-Haus"-Vertrags keinen starken Anspruch hat – wird er sich besser stellen. Andererseits kann die Frau nach der gegenwärtigen Rechtslage beide Gehaltsschecks beanspruchen. Immerhin müßte jeder neue Vertrag zu beiderseitigem Gewinn führen, und der Mann dürfte am Ende etwas besser wegkommen, als wenn er das Mädchen geheiratet hätte, das aus der Oberschule ausgestiegen ist.

Mein Rat weicht von Norths Rat ab. Wenn es zum Zeitpunkt der Heirat fest abgemacht ist, nicht vom „Frau-ins-Haus"-Vertragsmodell abzuweichen, dann sollte man aus Liebe heiraten. Der Marktwert der Ausbildung ist dafür unmaßgeblich. Wenn dagegen eine Vertragsänderung nicht ausgeschlossen ist, dann sollte man die Ausbildung als Kriterium wählen (angenommen, die Liebe sei gleich oder blind). Sind Vertragsänderungen möglich und ist die Liebe nicht gleich, so muß man den klassischen Konflikt – Liebe oder Geld – lösen. Schließlich übersehe ich auch nicht die Möglichkeit von Liebe *und* Geld.

North vermengt die Ökonomik eines Marktmodells mit der Ökonomik eines „Frau-ins-Haus"-Modells. Er legt seinem Kalkül das Marktmodell zugrunde, hat aber nichts dagegen, sein Leben nach einem „Frau-ins-Haus"-Modell einzurichten. Beim „Frau-ins-Haus-Modell gibt es keine Opportunitätskosten im Sinne entgangener Markteinkünfte. Und selbst wenn wir unsere Annahmen abschwächen und den Marktwert zulassen – dann hat der Mann nur einen dürftigen Anspruch auf diese Einkünfte.

Ich hätte keinen Anlaß zu Meinungsverschiedenheiten

mit North gehabt, wenn das Brautkauf-System noch in Kraft wäre. Unter diesem System wäre der Vater belohnt worden, der die Ausbildung seiner Tochter bezahlt; der Ehemann hätte genau das bekommen, was er ausgehandelt hat, und könnte seiner Frau ganz nach Belieben einen Platz im Markt oder außerhalb des Marktes zuweisen – je nach seinem Geschmack, ihrer Produktivität und der Marktlage. Vor vielen Jahren führten vernünftige Männer dieses vernünftige System ein. Aber die Frauen, unberührt von den Segnungen ökonomischer Analyse, wehrten sich dagegen, verkauft zu werden – in der verfehlten Annahme, daß ein Preis von Null Ansprüche auf die Ware ausschaltet. Es hat den Anschein, daß wir auf einen weiteren externen Effekt gestoßen sind. Externe Effekte werden gewöhnlich definiert als „soziale" Kosten und Nutzen, die sich dem Marktmodell entziehen. Hier haben wir nun einen Marktwert, der sich dem „Frau-ins-Haus"-Modell entzieht. Das legt es nahe, externe Effekte aus Diskrepanzen zwischen alternativen rechtlichen und sozialen Vereinbarungen zu definieren.

Wir wissen nun, was wir ohnehin schon wußten: Heiratsverhaltensmuster und Heiratsinstitution verhindern in einer nicht unbeträchtlichen Zahl von Fällen eine rationale Maximierung. Aber wir haben auch einen externen Effekt entdeckt, der das Gleichgewicht stört – den Marktwert der Dienstleistungen einer Frau. Schließlich sind wir zu der Einsicht gelangt, daß die Interpretation der Opportunitätskosten in Abhängigkeit von Eigentums- und anderen vertraglichen Vereinbarungen[3] variiert.

---

[3] Für eine ausführlichere Behandlung der Opportunitätskosten in einen neuen analytischen Kontext wird verwiesen auf JAMES M. BUCHANAN, *Cost and Choice,* Chicago 1969.

McKinsey-Bericht

über den Besuch bei den Berliner Philharmonikern:
von
Oswald Neuberger

Die vier Oboisten haben sehr lange nichts zu tun.
Die Nummer sollte gekürzt und die Arbeit gleichmäßig
auf das ganze Orchester verteilt werden, damit Ar-
beitsspitzen vermieden werden.

Die zwölf Geigen spielen alle dasselbe. Das ist unnö-
tige Doppelarbeit. Diese Gruppe sollte drastisch ver-
kleinert werden. Falls eine größere Lautstärke er-
wünscht ist, läßt sich das durch eine elektronische Anlage erreichen.

Das Spielen von Zweiundreißigstelnoten erfordert
einen zu großen Arbeitsaufwand. Es wird empfohlen,
diese Noten sämtlich in den nächstliegenden Sechzehn-
telnoten zusammenzufassen. Man könnte dann auch
Musikschüler und weniger qualifizierte Kräfte beschäf-
tigen.

In einigen Partien wird zuviel wiederholt. Die Parti-
turen sollten daraufhin gründlich durchgearbeitet werden. Es dient keinem sinnvollen Zweck, wenn das Horn
eine Passage wiederholt, mit der sich bereits die Geigen
beschäftigt haben. Werden alle überflüssigen Passagen
eliminiert, dann dauert das Konzert, das jetzt zwei

Stunden in Anspruch nimmt, nur noch schätzungs-
weise zwanzig Minuten, so daß die Pause wegfallen
kann.

Der Dirigent streitet die Berechtigung dieser Emp-
fehlungen nicht ab, fürchtet jedoch, die Einnahmen
könnten zurückgehen. In diesem unwahrscheinlichen
Fall sollte es möglich sein, Teile des Konzertsaals völlig
zu schließen, wodurch sich die Kosten für Licht, Perso-
nal und so weiter einsparen ließen. Schlimmstenfalls
könnte man ihn ganz schließen und die Leute in das
Konzertkaffeehaus schicken…

Weiterführende Literatur zu Kapitel V

ALLEN, J. Anti-Sealing as an Industry, *Journal of Political Economy*, 87 (1979), 423–428.

ANONYMOUS, A New Algorithm for Optimization, *Mathematical Programming*, 3 (1972), 124–128.

BENNET, J. T. und BARTH, J. R., Astronomics: A New Approach to Economics, *Journal of Political Economy*, 81 (1973), 1473–1475.

COVICK, O. E., The Quantity Theory of Drink – A Restatement, *Australian Economic Papers*, 13 (1974), 171–177.

GORDON, S., The Economics of the Afterlife, *Journal of Political Economy*, 88 (1980), 213–214.

GRANDMONT, J. M. et. al., A New Approach to the Uniqueness of Equilibrium, *Review of Economic Studies*, 41 (1974), 289–291.

KARNI, E. und SHAPIRO, B. K., Tales of Horror from Ivory Towers, *Journal of Political Economy*, 88 (1980), 210–212.

KRAKOWSKY, M., Inflation, Unemployment and Presidential Tenure, *Journal of Political Economy*, 83 (1975), 867–872.

LEHNER, H., MERAN, G. und MÜLLER, J., *De Statu Corruptionis*. Entscheidungslogische Einübungen in die Höhere Amoralität, Konstanz-Litzelstetten 1980.

MCKENZIE, R. B., The Economics of Reducing Faculty Teaching Loads, *Journal of Political Economy*, 80 (1972), 617–619.

MISHAN, E. J., Pangloss on Pollution, *Swedish Journal of Economics*, 73 (1971), 113–120.

NEEDHAM, D., Kommentar zur "The Economics of Reducing Faculty Teaching Loads", *Journal of Political Economy*, 83 (1975), 219–223.

NEHER, PH. A., The Pure Theory of the Muggery, *American Economic Review*, 68 (1978).

N. N.[KENNETH E. BOULDING, RICHARD MUSGRAVE, and DANIEL SUITS]. *Ileolanthe*. An Almost Entirely Unoriginal Comic Opera in One Act, unveröffentlichtes Manuskript, Ann Arbor 1953

PAULOS, J. A., *Mathematics and Humor*, Chicago 1980.

RETLAW, R., Die Frau in der Betriebswirtschaftslehre unter besonderer Berücksichtigung ihrer Beziehung zu den verschiedenen Bilanztheorien, *Betriebswirtschaftliche Forschung und Praxis,* 17 (1965), 176–178.

SCHLICHTUNG, G., Ist die Ehe rentabel, *Betriebswirtschaftliche Forschung und Praxis,* 16 (1964), 650–651.

SÖLTER, A., *Kartelliaden.* 20 Jahre deutsches Wettbewerbsgesetz. Rück-, Durch- und Ausblick, München 1977.

SÖLTER, A., *Das Pferd, das den Karren zieht,* Bergisch-Gladbach 1978.

TONER, W. J., Guerilla Plannings. How to Stop Growth in Ten Days, in: Finkler, E. und Petersen, D. L. (Hrsg.), *Nongrowth Planning Strategies,* New York 1974.

WEINSTEIN, R., Human Migration: A Survey of Preclassical Literature, *Journal of Political Economy,* 82 (1974), 433–436.

VI. Dogmengeschichte

Eine Geschichte
der ökonomischen Lehrmeinungen

Lawrence H. Hadley

Am Anfang schuf Gott Adam Smith,
Und Adam Smith schuf eine unsichtbare Hand,
Und jedermann verfolgte seine Eigeninteressen,
Und die Arbeit ward geteilt,
Und Wohlstand herrschte unter den Nationen,
Und die unsichtbare Hand wirkte zum Besten aller.
Also schuf Adam die Nationalökonomie,
Und Gott sah, daß es gut war, aber naiv.

So schuf Gott am zweiten Tage Ricardo,
Und Ricardo kostete die verbotene Frucht der Ein-
    kommensverteilung,
Und das Volk mehrte sich, und ward sehr viel,
Und der Arbeitslohn stagnierte,
Und die Menschen mühten sich auf marginalem Acker
    um Brot,
Und die Grundrente stieg sehr,
Der Wohlstand der Nationen aber schwand
    dahin,
Und Gott sah, daß es trübe war.

So schuf Gott am dritten Tage Marx,
Und alles, was Wert hat, war durch Arbeit geschaffen,
Aber die Kapitalisten machten den Arbeitern das Leben
    sauer durch Ausbeutung,
Und sie wurden Geldes nimmer satt und mehrten ihr Gut,
Und so entstand die industrielle Reservearmee,
Und die Arbeiter taten sich zusammen.
Aber das Revolutionspotential wuchs,
Und Gott sah, daß es beunruhigend war.

So schuf Gott am vierten Tage Keynes,
Und es herrschte eine große Depression im Lande,
Und die Reservearmee der Arbeitslosen seufzte ob der
    rigiden Lohnsätze,
Und Keynes sah, daß die aggregierte Nachfrage nicht
    hinreichte
Und daß die unsichtbare Hand zu schwach war.
So sandte Keynes die Regierung aus, die unsichtbare
    Hand zu ersetzen,
Und die Regierung trachtete danach, Gottes Güte auf
    Erden zu vertreten,
Aber Gott sah, daß es deprimierend war.

So schuf Gott am fünften Tage Friedman,
Und Friedman suchte die unsichtbare Hand neu zu
    entdecken,
Und er fand sie im konstanten Zuwachs der
    Geldmenge,
Und er gebot, daß die Geldnachfrage stabil sei,
Und siehe, die Geldumlaufsgeschwindigkeit stand still,
Und das Geld bestimmte den Gang aller Dinge.
Also entdeckte Friedman die Macht des Geldes,
Aber Gott sah, daß Geld die Wurzel allen Übels war.

So schuf Gott am sechsten Tage Laffer,
Und auch Laffer suchte die unsichtbare Hand neu zu
      entdecken,
Und er fand sie in der Senkung der Grenzsteuersätze,
Und die Arbeiter machten sich auf, härter zu arbeiten,
Und die Haushalte machten sich auf, mehr zu sparen,
Und die Firmen machten sich auf, mehr zu investieren,
Und alles Volk erwartete eine große Nachfrage,
Aber Gott sah, daß sie marginal war.

Am siebenten Tage endlich hätte Gott Zacharias Smith
      geschaffen,
Und Gott hätte ihn der Wahrheit teilhaftig werden
      lassen,
Und Zacharias hätte in seiner Erleuchtung ein Modell
      formuliert,
Und dieses Modell hätte die Ökonomen vereint,
Und Wolf und Lamm hätten geweidet zusammen.
Doch es war der siebente Tag,
Und so ruhte Gott im Gleichgewicht,
Die Ökonomen aber konnten ins Gleichgewicht nicht
      kommen.

Bekenntnisse eines Neoklassikers

von
Martin J. Beckmann

Habe nun ach Politik, Theorie,
Finanzwissenschaft und leider auch
Ökonometrie studiert mit heißem Bemühn.
Da steh ich nun als Bürokrat
und weiß mir keinen Rat.

Und weiß, daß wir nichts messen können
das will mir schier das Herz verbrennen.
Zwar dünk ich mich besser als Ökologen
Sozio- und Politologen!
Doch ist mir auch aller Nutzen entrissen
bild mir nicht ein, die Realität zu wissen
Hab keinen Mut was Rechtes (Linkes) zu lehren,
die linken Studenten zu bekehren
Die Mißspezifikationen auszurotten
und Simultanschätzungen zu plotten
Modell um Modell zu konstruieren
am Ende gar zu simulieren.
Es möchte kein Grenzhund so länger leben!
drum will ich mich der Politoekonomie ergeben.
Daß mir aus Marxens Geist und Mund
manch tief Geheimnis werde kund

Daß ich erkenne, was die Welt
im innersten zusammenhält
Spür alle Wirkungskraft und Samen
und tu nicht mehr mit Formeln kramen!

Oh säh der Socialpolitikverein
zum letzten Mal auf meine Pein!
Aufgeben will ich das Organon
der Makroproduktionsfunktion!
Entsagen will ich dem süßen Gift
des aggregierten Kapitalbegriffs!
Abschwören will ich, und nicht zu spät
dem Prinzip der Grenzproduktivität!
Entbehren sollst Du, sollst entbehren
Das ist das ewig alte Lied!
Ich bin zu jung um nicht zu lehren
zu alt um ohne Buch zu sein!
So will ich Friedman jetzt aufschlagen
ihn ins geliebte Deutsch mir zu übertragen!
Den preisen die Schüler allerorten
sind drum doch keine Meister geworden.

Nennt sich radikalökonomische Theorie
spottet ihrer selbst und weiß schon wie.
So schrieb ich:
„Noch am Anfang steht diese Theorie".
Hier stock' ich schon – wer hilft mir weiter?
Wer sie nicht kennte, die Strukturelemente
und ihre Kraft und Eigenschaft
Wäre nicht Meister über die Geister!
Welch Schauspiel! Aber auch,
ein Schauspiel nur, ach,
Wo faß' ich Dich, unendliche Struktur
Euch Brüste, wo?

Geheimnisvoll am lichten Tag
läßt sich das Geld des Schleiers
nicht berauben
Und was die Produktionsfunktion nicht offenbaren mag,
das zwingst Du ihr nicht ab
mit Schätzungen auf Glauben!

Kann zu der Theorie ich nimmer raten,
so schrieb ich denn
„Am Anfang sind die Daten!"
Oh glücklich, wer noch hoffen kann,
aus diesem Meer des Irrtums aufzutauchen
Die man nicht hat, die Daten brauchte man.
Die Hoffmannschen kann ich nicht brauchen.
Wollen uns mit Empirie nicht weiter plagen
und die Kritik der Wachstumstheorie aufschlagen.
Hah! Welche Wonne fließt in diesem Blick!
Wie hebt es mich empor zu steilen Höhen
Die Sato-Beckmannsche Neutralität zu sehen
Den Schwellenwert der Fühlbarkeit zu ahnen
Den Krelleschen Modellen nachzuträumen
und schweben in den hochdimensionalen Räumen!
Oh süßer Ton, oh längst vertraute Lieder!
Die Träne quillt,
die Neoklassik hat mich wieder!

Anekdötchen[1]

Karl Bücher

Als der Nationalökonom Karl Bücher (1847–1930) noch den Lehrstuhl in Leipzig innehatte, führte er in einer Vorlesung einmal aus, daß entgegen den europäischen Verhältnissen in Amerika ein starker Männerüberschuß herrsche. Scherzhaft fügte er hinzu, er könne den deutschen Mädchen in einem gewissen Alter nur den guten Rat geben auszuwandern. In diesem Augenblick erhob sich eine Studentin und verließ empört mit lauten Schritten den Hörsaal.

Da rief Bücher ihr beschwichtigend nach: „Aber, meine Dame, so eilig wird's doch nicht sein!"

---

[1] Der Herausgeber konnte lediglich diese eine Anekdote finden. Vielleicht wirft dies ein Licht auf den Ernst der Lage.

VII. Politökonomik

Wie man Wähler gewinnt …

von
N. N.*

Mit diesem Wirtschaftsprogramm tritt die neue „Österreichische Trittelpartei"[1], die zumindest ein Drittel der Wählerstimmen zu erhalten hofft, vor die Öffentlichkeit. Wenn es jeder der beiden Regierungsparteien gelingt, mit ihrem Wirtschaftprogramm fast die Hälfte der Wählerstimmen zu erhalten, so muß es leicht ebensoviele Wählerstimmen für das folgende Wirtschaftsprogramm der Trittelpartei geben.

Wir bestehen im Falle unserer Beteiligung an einer Regierung auf Erfüllung unserer Programmpunkte, sind aber bereit, alle abweichenden Punkte unseres Koalitionspartners in unser Programm aufzunehmen; wir sind überzeugt, daß die Klarheit unseres Programms darunter nicht leiden wird.

Wir appellieren an alle wahrhaften Österreicher, alles zu tun, was Österreich fördert, und alles zu unterlassen,

---

* Der Autor des folgenden Beitrags will nicht genannt sein; wir sind aber gerne bereit, Konsultationswünsche von Wahlrednern und Parteizeitungs-Leitartiklern an ihn weiterzuleiten …

[1] Die Richtigkeit des *T* wurde beim Autor verifiziert; die des *I* ergibt sich zwangsläufig aus der Notwendigkeit, jeder Verwechslung mit bestehenden Parteien vorzubeugen.

was Österreich schädigt; wir erwarten, daß sie trotzdem unsere Partei wählen.

Einkommen:
Wir sind für die raschere Erhöhung aller Einkommen durch Vergrößerung sowohl des Lohn- wie des Gewinnanteils am Sozialprodukt. Wir sind für ein stärkeres Wachstum des Sozialprodukts trotz aller unserer Wirtschaftsgesetze.

Arbeiter und Angestellte:
Wir unterstützen alle Forderungen der Gewerkschaften, soweit sie von den Unternehmern genehmigt werden, und vice versa.

Wir sind für die größere Mobilität der Beschäftigten durch Sicherung ihres bisherigen Arbeitsplatzes.

Beamte:
Wir sind für höhere Beamtengehälter und Einsparung an Beamtenstellen durch Verteilung der Arbeit jedes Amtes auf alle Ministerien und Landesregierungen; hierzu ist in jedem Amt eine paritätische Kommission aus Vertretern aller Ministerien und Bundesländer zu bilden.

Landwirtschaft:
Wir sind für eine Erhöhung der Preise landwirtschaftlicher Erzeugnisse, die die Konsumenten nicht belastet. Wir sind gegen die Landflucht und gegen die Überbesetzung der Landwirtschaft.

Förderung der Wirtschaft:
Wir sind für die Förderung aller notleidenden Wirtschaftszweige aus Bundesmitteln; soweit dadurch andere Wirtschaftszweige belastet werden, sollen sie ebenfalls aus Bundesmitteln gefördert werden.

Zum Schutz der österreichischen Wirtschaft fordern wir höhere Einfuhrzölle. Damit dies nicht die Preise erhöht, sollen die Erzeuger aller so geschützten Waren eine Preisunterstützung erhalten, die aus einer Umsatzsteuer auf die gestützten Waren bezahlt werden soll.

Preise:
Wir sind gegen jede Preissteigerung. Wir fordern daher die Verbesserung des Wettbewerbs durch eine rigorose Gewerbeordnung und ein Kartellgesetz, das jeden behördlich nicht genehmigten Wettbewerb als unlauter verbietet.

Um die Kaufkraft des Schillings zu stärken, schlagen wir eine Vermehrung der Kaufkraft der Bevölkerung durch die Ausgabe von mehr Schillingen vor. Nur ein auf einem großen Goldvorrat beruhender noch größerer Geldumlauf kann Preissteigerungen hemmen. Das dazu notwendige Gold sollen wir uns durch Auslandanleihen beschaffen; die dafür zu zahlenden Zinsen sorgen für einen gleichzeitigen Goldabfluß ins Ausland.

Sozialpolitik:
Wir fordern die Unterstützung jedes Österreichers aus öffentlichen Mitteln, ohne Rücksicht auf Alter, Geschlecht, Bekenntnis, Partei, Familienstand und Beschäftigung. Es ist für Arbeitslose und Bedürftige entwürdigend, daß nur sie unterstützt werden; das widerspricht der verfassungsmäßig gewährleisteten Gleichheit aller Bürger vor dem Gesetz.

Wohnungsfrage:
Jeder hat das Anrecht auf eine von ihm gewünschte Wohnung. Wir fordern daher die Vermehrung der jährlich gebauten Wohnungen aus Bundes- und Gemeindemitteln und die Befriedigung der berechtigten Forde-

rungen der Bauwirtschaft nach höheren Preisen, ohne jedoch die Öffentlichkeit zu belasten, sowie die Befriedigung des Anspruchs der Hauseigentümer auf einen angemessenen Ertrag ohne Erhöhung der Mieten.

Wir sind für ein Wohnungs- und Grundanforderungsgesetz, das die bisherigen Rechte der Eigentümer und Mieter auf freie Verfügung und Ablösezahlung nicht schmälert.

Integration:
Wir sind für die Integration unter Wahrung unserer vollständigen Selbständigkeit. Wir sind für den Eintritt in die EG, soweit er uns zu nichts verpflichtet, und für das Verbleiben in der EFTA, soweit es unsere Zollpolitik nicht beeinflußt.

Außenhandel:
Wir sind rückhaltslos für die Aufhebung aller ausländischen Einfuhrschranken. Wir sind für die Liberalisierung der Einfuhr, soweit sie nicht ausgenützt wird. Im Interesse des Welthandels und der unterentwickelten Länder sind wir bereit, das Opfer einer größeren Ausfuhr auf uns zu nehmen.

Wir sind für eine Ermäßigung der Zollschranken, um die Inlandpreise zu senken, soweit dies nicht die Wettbewerbsfähigkeit der inländischen Erzeugnisse gegenüber den eingeführten Waren verschlechtert.

Gemeinwirtschaft:
Wir sind gegen das Defizit der verstaatlichten Unternehmen. Wir verlangen daher, daß die verstaatlichten Unternehmen ihr Defizit durch niedrige Preise decken, zu denen sie die privaten Unternehmen mit Rohstoffen versorgen. Das etwa noch verbleibende Defizit sollen sie an den Staat als Dividende abführen und so den Steuer-

zahler entlasten, damit dieser Volksaktien verstaatlichter
Unternehmungen kaufen kann.

Steuern:
Wir verlangen aus Gründen der Steuergerechtigkeit die
Ausscheidung des Gewinnes aus dem steuerpflichtigen
Einkommen und eine hohe Besteuerung der verbleiben-
den Einkommen.

Wir fordern eine wettbewerbsneutrale Umsatzsteuer,
die aus eigentumspolitischen Gründen den Kleinbetrieb
und aus integrationspolitischen Gründen den Großbe-
trieb begünstigt. Wir sind für eine steuerliche Schonung
der nicht entnommenen Gewinne; daher soll der gespal-
tene Körperschaftssteuersatz die Gewinnausschüttung
begünstigen.

Staatsausgaben:
Wir verlangen ein ausgeglichenes Budget, um die größeren Staatsausgaben durch Steuerermäßigungen dek-
ken zu können.

Bundesheer:
Wir sind für eine Vergrößerung des Bundesheeres bei
gleichzeitiger Kürzung der Militärausgaben; als Weg
dazu schlagen wir die Ableistung des Militärdienstes
nach Überschreitung des Pensionsalters vor.

Studium:
Wir verlangen die Verlängerung des Hochschulstudiums
bis zum Pensionsalter; nur so können wir an den österreichischen Hochschulen eine dem internationalen Standard entsprechende Ausbildung erreichen. Alle Studenten, die ihre Eignung durch Abwesenheit von den Vor-
lesungen nachweisen, sollen ein Stipendium in der Höhe

des Einkommens ihres Vaters erhalten, das aus ihrem elterlichen Einkommen gedeckt werden soll.

Film und Fernsehen:
Die österreichische Filmindustrie soll durch prohibitive Besteuerung des Kinobesuchs unterstützt werden; damit der Kinobesuch durch die Vorführung österreichischer Filme nicht beeinträchtigt wird, sollen sie durch längere Werbefilme ersetzt werden.

Eine wirksame Förderung des Kinobesuches erwarten wir uns vom Fernsehprogramm; wir fordern dessen strikte Entpolitisierung, aber die Teilnahme von Politikern an möglichst allen Sendungen.

Verkehr:
Alle Schienenstraßen sind zu Parkplätzen zu erklären, mit strengstem Parkverbot auf den Gehsteigen. Dadurch sollen die Verkehrsstockungen und der nervenaufreibende Verkehr zum Verschwinden gebracht werden; auch das Defizit der Straßenbahnen wird dadurch schlagartig beseitigt.

Mit den ersparten Beträgen soll wegen ihrer Bedeutung für den Großstadtverkehr der Zukunft die Sohlenlederindustrie unterstützt werden. Die von uns geforderte Verkehrsplanung macht es den Wienern wieder möglich, sich ohne Gewissensbisse ihrer Leckerbissen zu erfreuen; von dieser Wiedererweckung der „goldenen Backhendlzeit" erhoffen wir uns zugleich die einzige eines Rechtsstaates würdige Lösung der Habsburg-Frage.

Wahlrecht:
Wir sind für ein demokratisches Wahlrecht, das jede Wählerstimme gleich wertet und ohne Rücksicht auf un-

sere Stimmzettel unserer Partei ebensoviele Abgeordnete sichert wie irgendeiner anderen Partei.

Korruption:
Wir verlangen ein bis zu unserem Eintritt in die Regierung befristetes Anti-Korruptionsgesetz.

Politikerpensionen:
Alle Politiker, vom Hauswart angefangen, sollen bei ihrem Ausscheiden aus der Politik eine Pension in doppelter Höhe ihres Einkommens erhalten; das sichert früher oder später die Pension aller Österreicher.

Volkstum:
Wir sind für ein wirkliches Österreichertum; wir verbitten uns daher als unösterreichisch jede Frage nach Aufbringung der Mittel für die Verwirklichung unseres Programms.

Postscriptum:
Auf die Gründung der Trittelpartei wird verzichtet, weil eine eingehende Prüfung ergeben hat, daß, wenn auch mit etwas anderen Worten, alle unsere Programmpunkte in den Programmen der bereits bestehenden Parteien enthalten sind.

‚Mensch ärgere Dich nicht'
für Wirtschaftspolitiker

von
Ursula Sommer
Würzburg

Es können beliebig viele qualifizierte Personen mitspielen. Jeder erhält eine Spielfigur in einer anderen Farbe. Benötigt wird 1 Würfel.

Beginnen darf, wer die höchste Augenzahl wirft. Es wird nun jeweils der Reihe nach gewürfelt. Wer eine 6 würfelt (jeder hat dabei drei Würfe), darf sich auf das Startfeld S begeben und noch einmal würfeln. Im weiteren Spiel wird entsprechend der geworfenen Augenzahl gezogen. Kommt ein Spieler auf ein numeriertes Feld, hat er nach der entsprechenden Spielanweisung zu verfahren. Bei mehreren Zugmöglichkeiten ist dem Pfeil zu folgen, wenn nichts anderes bestimmt wird. Trifft ein Spieler auf eine bereits durch eine Spielfigur besetztes Feld, so muß deren Inhaber auf S zurück. Er muß jedoch keine 6 mehr würfeln, da er sich die Qualifikation zur Teilnahme mit der ersten 6 bereits erworben hat.

Sieger wird derjenige, der zuerst das Zielfeld **(Z)** er-
reicht hat.

Und nun viel Erfolg!

S *Start*: Sie glauben an die Lösbarkeit wirt-
schaftspolitischer Zielkonflikte und stürzen sich auf
diese Aufgabe.

1 Sie sind ein Verfechter der Marktwirtschaft auch
im lohnpolitischen Bereich und wollen den Vollbe-
schäftigungsreallohn vorschlagen. Die Wissenschaftler
streiten sich jedoch noch über seine Höhe. Außerdem
mißachten Sie die Tarifautonomie und müssen von beiden Seiten Kritik einstecken: insgesamt 3 Mal aussetzen.

2 Sie bangen um Ihre Wiederwahl und nennen eine
gewerkschaftsfreundliche Lohnhöhe: 2 Felder vor, und
Sie sehen, für das Beschäftigungsziel war es ein Schritt
zurück.

3 Die Wahl naht. Sie stellen sich mit der Notenbank
gut und plädieren für monetäre Expansion. Es gelingt
Ihnen: Die Preise steigen, der Reallohn sinkt, die Beschäftigung steigt. 1 Feld vor.

4 Die Beschäftigung steigt tatsächlich. Mit Schwung
stürzen Sie sich in die letzten Wahlvorbereitungen. Vor
auf Feld **A.**

5 Sie haben Ihre Wähler nicht getäuscht. Das ange-
kündigte Wirtschaftswachstum ist eingetreten. Sie können sich nun die Ruhepause gönnen und verhandeln
erst einmal um die Erhöhung der Diäten. 1 Runde aussetzen.

6 Sie sind ein skeptischer Wissenschaftler. Das gute
Ergebnis könnte ja auch durch technische Fortschritte,
ausgelöst durch Lohnsteigerungen, zustande gekommen sein. Sie überprüfen sorgfältig die Prämissen und

durchdenken alles noch einmal genau: 2 Runden aussetzen. Für Politiker: Regierung und Opposition diskutieren dieses Problem ausgiebig. Ebenfalls 2 Runden
aussetzen.

7 Das Statistische Bundesamt errechnet, daß durch
das neue Basisjahr der Preisanstieg doch viel geringer
war. 1 Feld vor.

8 Neue Technologien lassen weiteres Wirtschaftswachstum versprechen. Kurzfristig drohen aber neue
Rohstoffpreissteigerungen, die sich bremsend auswirken. 1 Feld zurück.

9 Sie werden plötzlich unsicher, ob Sie sich wirklich
nicht verschätzt haben: Ölpreisentwicklung, Kern-
kraftdiskussion, negativer terms-of-trade-Effekt, hohe
Staatsschulden einerseits, andererseits höhere Kaufkraft durch Lohnerhöhungen, konsumwirksame
Steuersenkungen, Technologieförderung. Schlagen Sie
den Umweg über B ein.

10 Sie sichern sich nach allen Seiten ab. Machen Sie
einen Abstecher über **C** nach **D** und schauen Sie nach,
ob dort wirklich Y_2 steht.

11 Das effektive Wachstum ist nun doch hinter dem
prognostizierten zurückgeblieben. Sie erklären es der
Öffentlichkeit mit außenwirtschaftlichen Einflüssen.
Für diesen mutigen Versuch 1 Schritt vor.

12 Die Opposition deckt den wirtschaftlichen Miß-
erfolg als konsequentes Ergebnis Ihrer Politik auf. Treten Sie zurück, aber ärgern Sie sich nicht, Mensch! Sie
bekommen ja eine ansehnliche Pension. Aus dem Spiel
ausscheiden.

13 Unterbeschäftigungsgleichgewicht. Sie dehnen
im Konsens mit der Notenbank die Geldmenge per
Zinssenkung aus, um die monetäre Nachfrage und die
Investitionen zu steigern, und haben Erfolg. 1 Feld vor.

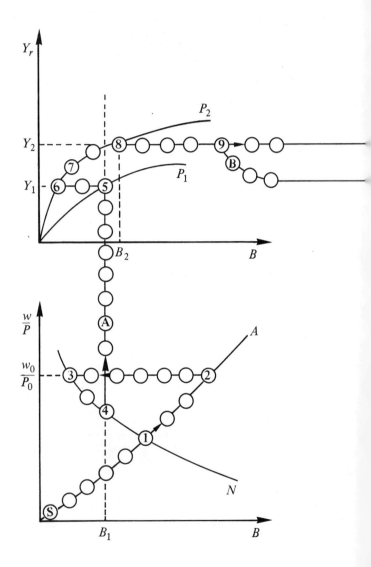

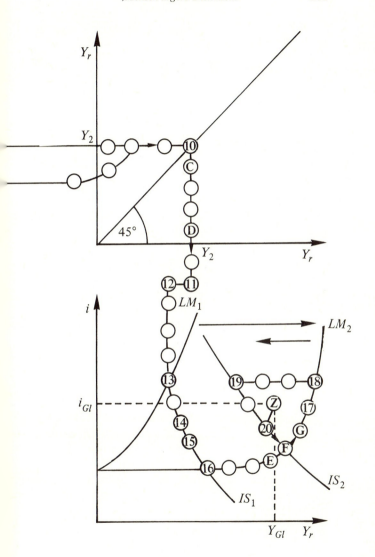

14 Die Investitionen reagieren weitgehend zinsunelastisch. Lassen Sie sich eine geeignete Maßnahme einfallen, aber schnell. 1 Runde aussetzen.

15 Achtung, Liquiditätsfalle! Sie warten mit geldpolitischen Maßnahmen, bis die Fiskalpolitik zieht. Setzen Sie aus, bis Sie mindestens eine 4 würfeln.

16 Sie sind in die Liquiditätsfalle getappt. Sie können erst weiterziehen, wenn im folgenden Spielverlauf jemand **E**, **F** oder **G** betritt, (Ihr Kollege hat Sie dann mit einer besseren Maßnahme als Geldmengenausweitung aus dieser mißlichen Situation gerettet).

17 Der Einkommenseffekt ist nun voll wirksam geworden. Leider sind auch die Preise gestiegen. Sie fragen sich, welche Auswirkungen das hat. Lesen Sie in einem guten Lehrbuch nach. Vertiefen Sie sich in die Lektüre, und setzen Sie dabei 2 Runden aus. Bevor Sie die entsprechenden Konsequenzen ziehen können, ist allerdings das Preisniveau und das Zinsniveau noch weiter gestiegen.

18 Sie versuchen, die Inflation in den Griff zu bekommen, und setzen restriktive Maßnahmen ein, die schnell greifen. 2 Felder vor.

19 Sie haben die Konjunktur übersteuert. Sie ergreifen wieder expansive Maßnahmen. 1 Feld vor.

20 Sie haben es beinahe geschafft! Es ist Ihnen gelungen, die Konjunkturschwankungen etwas zu glätten. Seien Sie jetzt besonders umsichtig, und bringen Sie die Wirtschaft nicht durch unüberlegte diskretionäre Maßnahmen in Unruhe. Würfeln Sie eine 1, und rücken Sie dann vorsichtig auf **Z** vor. Haben Sie keine 1 geworfen? Dann haben Sie Ihre Maßnahme nicht richtig dosiert. Schwenken Sie über **F** wieder in den Konjunkturzyklus ein.

Z *Ziel*: Sie Glücklicher! Sie haben das Gleichgewicht gefunden! Aber freuen Sie sich nicht zu früh, denn dies gilt zunächst nur für den Güter- und Geldmarkt. Sollte sich der Arbeitsmarkt jedoch im Ungleichgewicht befinden, kehren Sie auf **S** zurück und versuchen Sie es von neuem...

Weiterführende Literatur zu Kapitel VII

FISCHEL, W. A., Aesop's Paradox: The Classical Critique of Democratic Decision Processes, *Journal of Political Economy,* 80 (1972), 208–212.

KRAKOWSKY, M. Inflation, Unemployment and Presidential Tenure, *Journal of Political Economy,* 83 (1975), 867–872.

STREISSLER, E., Fiskalismus kontra Monetarismus, *Quartalshefte der Girozentrale* (Wien), 12. 4. 1977, 11–12.

VIII. Ökonometrisches

Eine erste Lektion in Ökonometrie*

von
John J. Siegfried,
University of Wisconsin

Ein angehender Ökonometriker muß beizeiten lernen, daß es niemals guten Geschmack beweist, die Summe zweier Größen in der Form

$$(1) \qquad 1 + 1 = 2$$

auszudrücken. Wie jeder fortgeschrittene Student der Ökonomie weiß, ist

$$(2) \qquad 1 = \ln e$$

und ferner

$$(3) \qquad 1 = \sin^2 q + \cos^2 q.$$

Außerdem ist es auch für den flüchtigen Leser offensichtlich, daß

$$(4) \qquad 2 = \sum_{n=0}^{\infty} \frac{1}{2^n}.$$

---

* Die Arbeit an dieser Abhandlung wurde von niemanden unterstützt. Der Autor verdankt die Anregung zu seiner Analyse einer unbekannten, aber reinen Quelle.

Deshalb kann (1) wissenschaftlicher als

$$(5) \qquad \ln e + (\sin^2 q + \cos^2 q) = \sum_{n=0}^{\infty} \frac{1}{2^n}$$

geschrieben werden. Es ist ohne weiteres einzusehen, daß

$$(6) \qquad 1 = \cosh p \sqrt{1 - \tanh^2 p} \,,$$

und wegen

$$(7) \qquad e = \lim_{\delta \to \infty} \left(1 + \frac{1}{\delta} \right)^{\delta}$$

läßt sich (5) weiter vereinfachen zu

$$(8) \qquad \ln \left[\lim_{\delta \to \infty} \left(1 + \frac{1}{\delta} \right)^{\delta} \right] + (\sin^2 q + \cos^2 q)$$
$$= \sum_{n=0}^{\infty} \frac{\cosh p \sqrt{1 - \tanh^2 p}}{2^n} \,.$$

Wenn wir beachten, daß

$$(9) \qquad 0! = 1 \,,$$

und uns vergegenwärtigen, daß die Inverse der Transponierten die Transponierte der Inversen ist, können wir uns durch Einführung des Vektors X der Beschränkung auf den eindimensionalen Raum entledigen, wobei

$$(10) \qquad (X')^{-1} - (X^{-1})' = 0 \,.$$

Die Kombination von (9) und (10) ergibt

$$(11) \qquad [(X')^{-1} - (X^{-1})']! = 1 \,.$$

Setzt man in Gleichung (8) ein, so reduziert sich unser Ausdruck auf

$$(12)\ \ln\left\{\lim_{\delta\to\infty}\left\{[(X')^{-1}-(X^{-1})']!+\frac{1}{\delta}\right\}^{\delta}\right\}+(\sin^2 q+\cos^2 q)$$

$$=\sum_{n=0}^{\infty}\frac{\cosh p\ \sqrt{1-\tanh^2 p}}{2^n}.$$

Jetzt dürfte es keinen Zweifel mehr daran geben, daß Gleichung (12) viel klarer und leichter verständlich ist als Gleichung (1). Man könnte Gleichung (1) mit Hilfe anderer, ähnlicher Methoden vereinfachen, aber die ergeben sich von selbst, wenn der junge Ökonometriker erst einmal die zugrundeliegenden Prinzipien begriffen hat.

Programm zur Erzeugung nationalökonomischen Nachwuchses nach der Methode des Least Square[1]

von

P. Nemo S.J.[2]

"Truncare, quae non fident"
I. v. Loyola

Das hiermit vom Verfasser nach mehrfacher Ermunterung durch höchste Stellen vorgelegte Programm ist keine Originalarbeit, sondern die Transskription einer alten theologischen Methode aus dem späten Mittelalter. Dieser Plan geht nicht zurück auf die originellen Gedanken des Ordensprovinzials Gugliemo Montan Ellerk (1614–1618), der auch anderweitig von sich rühmen machte, z.B. durch die Abhandlung über den Gebetsriemen und des weiteren durch die posthume Abkanzlung und Abberufung der Autoren des Hexenhammers[3], der Patres H. Institoris und J. Sprenger von ihren Posten im

---

[1] Zur Erklärung s. Lawrence Ferlinghetti, *Wörterbuch der Beat Generation,* City Light Books, San Francisco 1961.

[2] Der Verfasser oder besser der Transscriptor des Programms ist Abteilungsleiter für Kryptologie am „Laborent Alii“, dem Vatikanischen Rechenzentrum.

[3] Malleus Malificarum, Officin d. Bertolf, Köln 1487.

Kollegium Sua Sponte[4], sondern stützt sich auf die Arbeiten der Kapuziner KU, KLUX und KLAN. Der Verfasser ist der Ansicht – darin unterstützt von höchster Stelle –, daß Gedanken und Methoden der Nachwuchsheranbildung in den theologischen Wissenschaften mühelos auf andere Wissenschaftsbereiche übertragbar sind, und daß vorzüglich die Wirtschaftswissenschaften ein Gebiet sein werden, in dem ein solches Experiment sich lohnt.

Ohne den Notabeln der Ökonomie zu nahe treten zu wollen, sei erlaubt, auf gewisse Analogien[5] hinzuweisen, die zwischen Theologie und Ökonomie gegeben sind.

Beide Wissenschaften arbeiten mit Glaubensannahmen und entwickeln daraus eine umfangreiche Dogmatik; der Glaube an die Wirksamkeit ihrer Lehren ist bei beiden enorm wichtig, ja Voraussetzung irgendwelcher realen Induktion; die Wirklichkeit läßt sich nur partiell mit den Lehrsätzen beider Wissenschaften deuten und beeinflussen[6].

Beide Disziplinen bedienen sich fremder Erkenntnisse

---

[4] Sua Sponte ist das Kollegium zur freiwilligen Selbstkontrolle der Beichtiger mit Sitz in Trier.

[5] Diese Analogie läßt sich viel weiter verfolgen, als es hier möglich ist. Wem die kurze Aufzählung zu oberflächlich erscheint, sei aufgefordert, über die Wurzeln der Geisteswissenschaften im rein Spekulativen nachzudenken. Mit der Abspaltung von der Theologie verloren alle Geisteswissenschaften ihr Fundament: Die Offenbarung; sie waren gezwungen, das Objekt ihres Interesses zunächst einmal zu definieren. Ich fürchte, dort stehen sie noch heute.

[6] Das Paradoxon des Sarus, entwickelt aus der Meditation über die nächtlichen Leiden durch zu kurzes Bettzeug: Man kann nicht gleichzeitig Brust und Füße wärmen, oder was oben gewonnen wird, geht unten verloren; geisteswissenschaftliches Gegenstück zur goldenen Regel der Mechanik.

und Methoden, ohne den Ballast der artfremden Prämissen auch nur ein wenig schultern zu wollen. Sie benutzen eschatologische Begriffe, hier das bessere Jenseits, dort das Golden Age. Jeder kennt Märtyrer und Schisma, hat Schulen und Sekten, kennt naiven Quietismus und esoterische Geheimkulte, ein altes Testament, dort geschrieben von den Klassikern, und ein neues Testament, vorgelegt von den Neoklassikern. Selbstverständlich fehlen auch die Apokryphen nicht, und man darf erwarten, daß auch noch Schriftrollen vom Toten Meer gefunden werden, sei es unter der Wallstreet oder in der Kremlmauer.

Man sieht, die Analogie läßt sich weit verfolgen. Wenn eine scherzhafte Bemerkung des Verfassers hier gestattet ist, so scheint ihm ein wesentlicher Unterschied zwischen beiden Disziplinen wenigstens darin zu liegen, daß die Theologie höchstens bis zur Dreifaltigkeit für die Konzeption ihrer letzten Instanz vorgedrungen ist, wohingegen die Ökonomie sich mit derselben Instanz als statistischer Mannigfaltigkeit beliebiger Dimension auseinanderzusetzen hat. Welch inspirierte Hervorbringungen der Rabulistik das zuletzt Genannte erfordert, kann nur der ermessen, der wie der Autor jahrelang die Schriften der kleinen und großen Scholastiker sorgfältig studiert hat.

Die hier aus Gründen einer wohlerwogenen Beschränktheit nur obenhin dargestellte Analogie gab zufolge ihrer substantiellen Karätigkeit Anlaß, den Algorithmus theologisch – personeller Kontinuität zu übertragen, um so das leidige Nachwuchsproblem – das der qualvollen Beauftragung des heidnischen Sysiphos so sehr gleicht[7] – mit schon erprobten Methoden zu lösen.

---

[7] S. Dazu auch: Teilhard de Chardin, „Sysiphos als Vorläufer der Apostel", *Pharus,* 7 (1952), 152ff.

Der Algorithmus ist hier in Vexier – Algol aufgeschrieben, um den Universitäten entgegenzukommen und um weitgehende Kompatibilität zu sichern; sollte das Programm tatsächlich praktisch angewendet werden, so wäre eine Transskription auf Cobol oder Pl 1 vorzunehmen[8].

Das Programm wurde mit einer Seminaristenschar unterer Qualität getestet und brachte selbst da noch befriedigende Ergebnisse. Es kann auf einer Anlage mittlerer Größe, Typ Alma Mater, ohne weiteres laufen. Als Eingabedaten lassen sich Studenten aller Qualifikationen verwenden. Das Programm macht keine Schwierigkeiten, selbst wenn die Mehrzahl – der empirisch gegebene Fall – unqualifiziert ist. Das Geschlecht der Daten ist dabei ohne Bedeutung.

Die Rückkoppelung zwischen dem Instruktionsapparat und den Ergebnissen ist aus naheliegenden Gründen unzureichend. Es erfolgt keine Fehlermeldung, wenn der Kontakt gänzlich verlorengeht. Lediglich bei dogmatischer Abweichung und renitenter Verfremdung der Ergebnisse erfolgt eine Diagnostik, die simultan das Arbeitstempo herabsetzt und strengere Prüfungen installiert. Überschreitet die interne Turbulenz einen kritischen Wert, schaltet das Programm die Anlage selbsttätig ab und ruft die Feuerwehr.

Bei normalem Ablauf liefert das Programm genormte Ergebnisse, die beliebig, z. B. für ein Feed-Back des Instruktionsapparates, verwendet werden können. Dem Verfasser wäre sehr daran gelegen, Erfahrungsbe-

---

[8] Für einen geübten akademischen Programmierer ist das keine große Mühe; Rückfragen beim Autor sind bei ernsthaften Zweifeln und Glaubensschwierigkeiten möglich.

richte aller Benutzer zu bekommen, um im Zuge einer Reform eventuell bestehende Mängel beseitigen und Verbesserungen anbringen zu können.

Der Verfasser dankt seiner Haushälterin für das gezeigte Verständnis während der Abfassung dieser Arbeit. Die Patres Leviathan, Hundertmark und Geifer lasen das Manuskript kritisch und sind verantwortlich für eine Reihe nicht näher bezeichneter Verbesserungen, leider aber auch für eine Verschlechterung, die sie dem Autor in einer mühevollen Nachtdiskussion aufzwangen. Schwester Cäcilie von den Typistinnen der hlg. Olympia schrieb dankenswerterweise den schwierigen Text. Alle Fehler gehen jedoch ausschließlich zu Lasten des Verfassers, der hiermit seinem pädagogischen Standardprogramm den Weg in die Öffentlichkeit zu hoffentlich segensreicher Arbeit freigibt.

```
begin                                    .
comment Code – Name des Programms, Ora pro Nobis;
real NOTHING;    integer NOBODY;
array MULI 1:4711, STUD 1:3000, GRAD 1:1000;
boolean BUHLSCHAFT, TAUGLICH;
integer PONTIUS, PILATUS, MARX, KEYNES,
PORF, PROF;
real SPIRITUS, NUMCLAUSUS, SATAN,
ASSISTENT, RADIUS;
integer procedure IQ (HOMO);
real HOMO;
IQ:=HAMBURGWECHSLER (HOMO);
EINGABE (PILATUS NUMCLAUSUS);
for PONTIUS: = 1 Step PILATUS until
NUMCLAUSUS do
begin
```

if IQ (STUD PILATUS) *less* 10^{-2} *then* ABLEHNUNG
else IMMATRIK: = IMMATRIK +1;
if STUD PILATUS = BRILLENTRÄGER
then goto VORLES
else goto to BIBLIOTHEK;
for SPIRITUS: = SCHNEIDER, SAMUELSON,
KRELLE, OTT, ROBINSON, KLEIN, FRISCH,
TOBIN, TINBERGEN, *do*
STUD PONTIUS: = LEARN (SPIRITUS);
goto SEMINAR;
if SCHEINE = 100 *then* VORDIPLOM;
if RADIUS ALLGEMEINWISSEN < 10^{-5}
then goto BROCKHAUS;
comment Der Kandidat ist halbfertig;
ASK ASSISTENT;
if SATAN = VERSUCHUNG *and not* BUHLSCHAFT
then TRY TO MARRY *or* EXERCITIEN;
comment Dieses Statement wurde verändert, statt TRY
TO MARRY steht im theol. Programm KALTE WA-
SCHUNGEN;
for PROF: = K, KRE, KRELLE, NERLOVE, BOM-
BACH, GIERSCH, BECKMANN, HELMSTÄDTER,
NELL-BREUNING, SETTEMBRINI *do*
STUD PILATUS: = BUEFFLE (SPIRITUS);
WRITE DIPLOMARBEIT;
if NEUROSE = 0 *then goto* EXAM *else* READ
FREUD;
if TAUGLICH *then goto* INDUSTRIA *or goto* PROF
else goto HELL;
end PONTIUS TO PILATUS
end POST STUDIUM OMNE ANIMAL TRISTE;
Ende
Ora pro Nobis!

Über Extrapolation

von
Mark Twain

Im Lauf von einhundertsechsundsiebzig Jahren hat sich der Untere Mississippi um zweihundertsechsundvierzig Meilen verkürzt. Das macht im Durchschnitt etwas mehr als eineindrittel Meilen pro Jahr. Deshalb kann jeder besonnene Mensch, der nicht blind oder schwachsinnig ist, sehen, daß der Untere Mississipi im altoolitischen Silur – nächsten November ist es gerade eine Million Jahre her – über eine Million dreihunderttausend Meilen lang war und wie eine Angelrute über den Golf von Mexiko hinausragte. Und umgekehrt kann jeder sehen, daß der Untere Mississipi in siebenhundertzweiundvierzig Jahren nur noch eindreiviertel Meilen lang sein wird und daß dann Cairo und New Orleans ihre Straßen zusammengelegt haben und unter einem einzigen Bürgermeister und einem gemeinsamen Gemeinderat bequem weitermachen werden. Wissenschaft hat etwas Faszinierendes an sich. So eine geringfügige Investition an Fakten liefert so einen reichen Ertrag an Voraussagen.

Proxies and Dummies

by
Fritz Machlup
New York University

Let us remember the unfortunate econometrician who, in one of the major functions of his system, had to use a proxy for risk and a dummy for sex.

Weiterführende Literatur zu Kapitel VIII

HUFF, D., *How to Lie with Statistics,* 31st. ed., New York 1954.
MENDOZA, E. (Hrsg.), *A Random Walk in Science,* The Institute of Physics, London und Bristol 1973.
ZECKHAUSER, R. J., A Tale of Probable Regions: A Statistical Fable, *Journal of Political Economy,* 79 (1971), 376–380.

IX. Märchen und Balladen

Das Märchen
von der Strukturpolitik

von
Wolfgang Stützel

Es war einmal ein König, der hieß Winfried. In dessen
Land gab es viele Straßen. Und diese Straßen hatten
viele, viele Kurven. Und in diesem Land fuhren viele
Leute mit ihren Autos herum. Und diese Autos waren
lange Zeit hinweg recht mobil: Sie hatten ausgezeichnete
Lenkungen, Servolenkungen sogar. Sie nahmen alle Bie-
gungen, Ecken und Abzweige elegant und reibungslos.

Nun kam es aber, weiß der Himmel woher, daß in
diesen Autos die Lenkungen verklemmt wurden. Die
Servos klappten nicht mehr. Das Lenken wurde immer
mühsamer. Und selbst wo die Beifahrer sich mit ans
Werk machten, mitzubestimmen, also mit am Lenkrade
zu hantieren, half das nicht viel. Die Karren waren
immer schwerer in die Kurven zu kriegen.

Der Landesfürst sah die Misere. Und er tat, was man
in derlei Fällen tut: Er bestellte hochhonorable, hochzu-
honorierende Gutachter. Die besahen sich die Sache und
kamen zu dem lichtvollen Ergebnis: Lieber König, was
du da hast, sind ja wirklich recht arge Strukturprobleme.
Schlimm, wie krumm diese Straßen da sind! Wieviel

schreckliche Kurven es da gibt! Das können die Autos ja wirklich nicht mehr bewältigen. Du mußt gezielte Strukturhilfen geben!

Und so setzte der König seine besten Beamten daran, erst einmal ein Verzeichnis der dringendsten Strukturprobleme anzufertigen. Daraufhin wurde preußischzügig ein integrales Problem gezielter Strukturhilfen aufgestellt. In wohlorganisiertem Katastropheneinsatz dirigierte man auf Staatskosten Männer und Gerät hin zu den Stellen mit den jeweils größten Strukturproblem.

An den einen Stellen hoben sie mit schweren Subventionsgeräten im Sumpfe steckende Wagen zurück auf die Straße. An anderen Stellen gaben sie helfende Steuer-Schubs an Wagen, die gerade von der Straße abzukommen drohten. Und wenn einzelne Wagen trotz all dieser Vorkehrungen immer wieder von der Straße abkamen, dann schickte man zu diesen Wagen kurzerhand muskelstarke Männer von der staatlichen Direktlenkungs-Abteilung. Man verstaatlichte sie. Die Privatfahrer wurden schlicht vom Fahrersitz weggehoben und durch starke Bullen ersetzt. Aber gut wurde es im Land dennoch nicht. Im Gegenteil: Auch die Katastrophendienstleute brauchten ja ihrerseits Autos. Und für sie brauchte man ebenfalls, damit sie überhaupt einsatzfähig wurden, ihrerseits wieder Strukturproblem-Helfer. So mußten von allen Männern des Landes immer mehr in den Katastrophendienst. Und immer weniger blieben für wirklich nützliche Zwecke übrig. Und über all dem wurde König Winfrieds Land ärmer und ärmer.

Eines Tages kam der berühmte Prinz vom Nachbarland. Der sah die Geschichte auch. Aber er sah vor allem die verrosteten und verklemmten Steuermechanismen. Und er kam auf eine Idee. Und da er natürlich des

Königs schönste Tochter haben wollte, drang er bis zum Palaste vor. Und auf die fällige Frage des Königs: „Mein lieber Prinz, kannst du mir besser helfen, wenn ja, so sei meine Tochter dein und zugleich das ganze Königreich", hielt der Prinz dem König schweigend eine kleine Spraydose vor: Caramba, Rostentferner, Öl. Und sagte dann nur: Nimm dieses! Sorge dafür, daß die verklemmten Steuermechanismen in den Autos wieder funktionieren. Dann kannst du deine Männer wieder vernünftigen Arbeiten nachgehen lassen. Dem König Winfried leuchtete das wohl ein.

Und so geschah es: Die Steuerungen in den Autos waren wieder leichtgängig und flexibel wie in den allerbesten Zeiten. Die Wagen nahmen die Kurven und Ecken ohne fremde Hilfe. Der Wohlstand des Landes gedieh und wuchs. Hochzeit wurde gefeiert. Und wenn sie nicht gestorben sind, dann leben sie noch …

The Ballad of 'Right Price'

by
Bruce Knight

Great Whoopla, King of Hoomhomho,
　In Privy Council deeply swore,
Some nineteen hundred years ago,
　That Profiteering made him sore.
"Egad, it gets my goat!" he said:
"Two bits is too darn much for bread!"

"Not only that my Kingdom cracks
　Beneath these Robber Barons' tolls:
The Lord perceives their heartless tax
　And marks for Doom their greedy souls.
What think ye, Gents of High Renown –
Shall we revise this tariff down?"

The Council thought: "To buck a king
　At best were misdirected gall:
Those prone to such a silly thing
　Were never Councilmen at all."
Their verdict was unanimous:　　　　　·
"What, ho! that sounds like sense to us."

East and West and North and South
   The heralds rode throughout the land,
With simple speech and ample mouth,
   That Profiteers might understand:
"Hear ye!" they roared, with voice intense:
"The Price of Bread is Thirteen Cents!"

"His Royal Nibs doth eke proclaim
   That whoso charges more for Bread,
To brand his economic shame
   Shall lose his ears from off his head:
Beware the Most Imperial Shears –
Charge Thirteen Cents, and keep your ears!"

The bakers, just a bit abashed,
   So hearing, reasoned somewhat thus:
"Though wheat is scarce, and we'll be dashed
   If this won't mean a loss to us,
We loathe to run the risk of Hell
And jeopardize our ears as well."

The price was thus in every town;
   And South and North and West and East
The proletariat swarmed down
   Like locusts to th' Egyptian Feast:
The price of wheat dropped half a plunk,
And farmers would not plant the junk.

The days took flight, and fortnights sped:
   Vox Populi exclaimed, "Immense!"
"Sic semper Profiteers!" they said,
   And praised their Monarch's Common Sense.
One dinner-tide, along with roast,
Whoop ordered up his usual Toast.

The Waiter blushed a crimson hue
    Quite unbecoming such a lout,
And stammered forth: "Would Crackers do? –
    The Bread Supply has plumb run out!"
Roared Whoop: "Hast tried the nearest store?"
"Yea," wept the knave: "There ain't no more!"

Then waxed the King exceeding wroth,
    As hungry kings are wont to do,
And, swearing by his doubtful Troth,
    Ordered his land searched through and through.
This was the net result that night:
The stock of Bread had vanished quite.

Quick summoned Whoopla to his side
    His meek Comptroller of Supplies:
"WHEAT! and AT ONCE!" the Monarch cried:
    The wretch rejoined, with gusty sighs:
"There ain't no wheat! And, worse, I fear,
There's none been planted for next year."

Last, to his Minister of State,
    Sage Laran Gitis, Whoopla flew:
"Larry, thy brain, at least, hath weight:
    What in the Heck are we to do?"
The latter, ex cathedra, spoke:
"Give heed, thou thick and regal Bloke:

"Next time your Cabinet and You
    Contemplate fixing price, please look
At Sub-Head Three, page Fifty-two
    Of Freddy Taylor's well-known book:
You got yourselves in all this fix
By being Economic Hicks."

"Why, any college Soph would know,
    Who tock Ec One, and pulled a "D",
That prices, if you let them go,
    Will guide our conduct prop-er-lee –
Increase supply, curtail demand
When Wheat is scanty – understand?

When every Jehu stocks his shelf
    With Bread that's cheap, but should be dear,
Important Persons, like Yourself,
    May go without it, do you hear?
And Competition, don't forget,
Will fix a Price that's Right – you bet!

"Then, – there's the Farmer – don't you see?
    The only Wheat that he will grow
Will be what he can eat; and he
    Acts sensibly in doing so.
The Long Run, Whoopla – there's the rub!
And, Broadly Speaking, you're a dub."

And thus and thus, and so and so
    Into the regal ears was dinned,
Till Whoopla rose at length to go,
    Quite vanquished by superior wind.
The chances are, when he withdrew,
He knew as much as Soph'mores do.

At any rate, he styled himself
    A Proselyte of Lay-Say Fare.
Forthwith, his Empire, as to Pelf,
    Beheld no equal anywhere.
And this became his proudest boast:
"I never fail to get my Toast!"

MORAL: – (Heh, heh!)

If you would see your land wax fat,
Don't Meddle with the Thermostat!

Der unterirdische Käsestrom
von Mausenhausen

von
N.N.

Wie jedermann weiß, verbringen Mäuse viel Zeit unter Tage – sie arbeiten und spielen vergnügt in einem dunklen Labyrinth. Deshalb zeigte keiner der Gemeinderäte von Mausenhausen besonderes Interesse, geschweige denn Bestürzung, als die Präsidentenmaus, Sorgenfalten auf der Stirn, der Versammlung verkündete, Mausenhausen werde von einer „Untergrundwirtschaft" heimgesucht.

„Sie verstehen mich nicht", fuhr die Präsidentenmaus unbeirrt fort. „Illegaler Käse zirkuliert in einem erschreckenden Ausmaß. Unsere Steuereinnehmer bekommen ihn nicht in die Pfoten."

Bei dieser Bemerkung spitzte die Fiskusmaus die Ohren: „Einnahmeverluste, sagen Sie? Das *ist* ernst."

Die Präsidentenmaus ließ nicht locker. „Mausgenossen, ich behaupte, daß Mausenhausen zwei Wirtschaftssysteme hat – eines liegt offen zutage, und das andere ist ein weites Schattenreich."

Mittlerweile paßten die Ratsmäuse genau auf. Sie ließen sich von der Präsidentenmaus belehren, daß das

BSP und das Pro-Maus-Einkommen beträchtlich größer als gemeldet seien, weil viele wirtschaftliche Aktivitäten nicht erfaßt wurden. Andererseits hieß es, daß die Arbeitslosigkeit beträchtlich niedriger lag als nach offiziellen Berechnungen.

„Immer langsam", lärmte eine Ratsmaus am Ende des Tischs. „Was ist mit diesem unterirdischen Gesindel los, das durch unsere statistischen Netze schlüpft?"

Für eine Antwort wandte sich die Präsidentenmaus an ihren Berater vom Institut für angewandte Ökonomik der Mäuse, der das irreguläre Wirtschaftssystem von Mausenhausen dem Vernehmen nach zuerst ausgeschnüffelt hatte. Der Berater ratterte einige Beispiele herunter:

– Maus A. Pensioniert. Will vermeiden, daß er wegen seiner Gelegenheitsverdienste einen Teil seiner Rente verliert. Nimmt den Käse, meldet ihn aber nicht.

– Maus B. Hausfrau, arbeitet nachmittags. Erscheint nicht in den Büchern. Weder sie noch ihr Arbeitgeber melden etwas.

– Maus C. Schwarzarbeiter. Wird unter dem Tisch in Käse bezahlt. Vermeidet hohe Grenzsteuersätze.

– Maus D. Wohlhabend. Hat einen seltsamen Appetit auf illegale Katzenminze. Kauft von Mafiamaus, zahlt mit Käse in großer Stückelung.

Die Ratsmäuse waren über die Spannweite klammheimlicher Aktivitäten entgeistert. „Wie groß ist dieses verborgene Problem eigentlich?" wollte eine Ratsmaus wissen.

Die Institutsmaus war mit der Antwort schnell bei der Hand: „Meine Analyse der Käseversorgung – besonders der umlaufenden großen Käsestücke – veranlaßt mich zu der Vermutung, daß wir es mit einem Problem beträchtli-

chen Ausmaßes zu tun haben. Wenn wir es in den Griff
bekämen, könnten wir die Inflation bekämpfen und
unser Budgetdefizit beseitigen."

Eine zustimmende Regung ging um den Tisch.
Schließlich hatte sich die Beseitigung roter Zahlen als
illusorisch erwiesen; sie war in Mausenhausen nur einmal in den letzten sechzehn Jahren gelungen.

Die Präsidentenmaus, zufrieden damit, daß der Rat
endlich den Ernst der Situation erkannt hatte, glättete
ihren Kinnbart und fuhr fort: „Mausgenossen, das Problem geht noch tiefer. Wir haben scharenweise Partner-
tauscher, äh, Tauschpartner in unserer Mitte."

Augenblicklich waren in der Runde schwere Atemzüge
zu vernehmen. War die Präsidentenmaus zu weit gegangen? War sie taktlos geworden mit ihrer Anspielung auf
Amüsements, die man gewöhnlich – wenn auch nicht
ausschließlich – mit gelangweilten Jetsetmäusen in Verbindung bringt?

Die Präsidentenmaus spürte den Schock und die Unruhe und fuhr eilig fort: „Vielleicht hätte ich den Ausdruck Tauschhändler verwenden sollen – Leute, die Güter und Dienste austauschen, um Bezahlung in Käse zu
vermeiden."

„Schon wieder ein Schlupfloch?" fragte eine Stimme
aus dem Hintergrund. Die Präsidentenmaus räumte ein,
daß dem so sei, und sie wies ferner darauf hin, daß in
ganz Mausenhausen Tauschclubs aus dem Boden schos-
sen. Zum Beispiel gab es an der Westküste von Mausenhausen den Club *Frei für Alle*. Die Mitglieder, insgesamt
etwa dreihundert, tauschten alle möglichen Dienstleistungen, ohne daß jemals ein Stückchen Käse von Pfote
zu Pfote ging. Das spielt sich so ab: Einem Clubmitglied
wird sein Barthaar fachmännisch coiffiert. Der Besitzer

des Schönheitssalons darf kostenlos einen nicht jugend-
freien Film („Die Katze auf dem heißen Blechdach")
sehen. Der Kinobesitzer bekommt als Entschädigung
drei Gutscheine für Tanzstunden im Nestio 54, der ex-
klusivsten Disco von Mausenhausen.

Mausenhausener, die keinem Tauschklub angehörten,
umgingen die Steuer auf ihre Weise. Beim monatlichen
Flohmarkt verkauften die Hausierermäuse, sich dauernd
kratzend, ihre Ware nur gegen Käsehäppchen – keine
Schecks oder Kreditkarten, und außerhalb der Bücher,
Die Fiskusmäuse stellten fest, daß sich nur wenige dieser
Transaktionen jemals in den Steuereinnahmen von Mausenhausen niederschlugen. Der gleiche Mangel an Loya-
lität gegenüber den Steuereinnehmern zeigte sich überall – von den Erlösen aus Garagenverkäufen bis zu den
Gewinnen bei der Buchmachermaus an der Ecke.

Ein häufiges Schlupfloch in der Untergrundwirtschaft
war die Zwei-Preise-Masche. So bot ein Nestbauer gewöhnlich an, ein undichtes Dach für, sagen wir, ein Stück
kräftigen Cheddarkäse zu reparieren. Wenn er jedoch in
Käsehäppchen bezahlt wurde, ohne daß etwas auf dem
Papier erschien, verlangte er nur ein halbes Stück.

Die Ratsmäuse erbleichten, als das Ausmaß der gesetz-
widrigen Machenschaften in Mausenhausen zutage trat.
Es sah so schlimm aus, und die düstere Atmosphäre im
Ratssaal war so drückend, daß sich die Präsidentenmaus
genötigt fand, die „Anderen-geht's-auch-nicht-besser"-
Karte zu spielen. Sie piepste: „Mausgenossen, glaubt
bitte nicht, daß unser schöner Ort der einzige ist, in dem
Handel und Wandel nicht der Staatskasse zugute kommen. Es hat den Anschein, daß wir weniger in der Tinte
sitzen, wie man so sagt, als unsere Freunde auf der
anderen Seite des Teichs."

Die Präsidentenmaus lieferte bereitwillig einige Beispiele aus dem Ausland: Es gab zum Beispiel eine *Fleder-
maus*, die Schauspielerin war; sie trat halbtags und für
Käsehäppchen in dem Streifen „Immer bei Anbruch der
Nacht" (produziert von der Teutonia-Filmgesellschaft)
auf. Ferner gab es zu Füßen des Eiffelturms einen Privat-
dedektiv, mit Spitznamen *Le Souris Gris*, der sich (bitte
nur Barzahlung) auf schmutzige Scheidungsfälle speziali-
siert hatte. Endlich war die Story von den *lavoro nero*
Mäusen bekannt, die im Schatten des Kolosseums lebten
und fleißig einer besonderen Form der Heimarbeit nach-
gingen: der Produktion gefälschter Levi's, die sie unter
dem Tisch für scharfe Provolone-Scheiben verhökerten.

Trotz des internationalen Aromas der blühenden Untergrundwirtschaft waren wenige der Anwesenden bereit,
den Trend leichtfertig abzutun. Es gab viel ungeduldiges
Schwanzzucken, und die Erbitterung stieg.

Die Präsidentenmaus, bemüht, die Versammlung in
produktive Kanäle zu lenken, klopfte um Aufmerksamkeit. „Mausgenossen, wir wollen versuchen, die Bedeutung dieser Ereignisse richtig zu bewerten. Müssen wir sie
bei unseren politischen Maßnahmen berücksichtigen?"

Ein Stuhl knarrte im hinteren Teil des Saales, als sich
eine Ratsmaus, mit politischer Schlagseite nach Steuer-
bord, vernehmen ließ. „Meine Freunde, was wir heute
hören, ist keine Überraschung. Ich bin schon lange der
Ansicht, daß wir mit unserer Sozialgesetzgebung aufge-
laufen sind. Die Probleme der Armut sind überbewertet
worden. Die Arbeitslosigkeit auch. Wie die inoffiziellen
und illegalen Käseströme bestätigen, verdienen diese
Probleme weniger Aufmerksamkeit."

Er setzte sich inmitten eines gemischten Chors von
Beifallrufen, höflichem Applaus und Buhs. Bezeichnend

für die negative Reaktion war eine Stimme, die losplatzte: „Diese verflixte Neandertalmaus. Der Käsestrom hält uns Mittelmäusen kaum Leib und Seele zusammen."

„Mausgenossen, bitte", unterbrach die Präsidentenmaus. „Immer mit der Ruhe. Bitte mehr Vernunft, weniger Emotionen."

Wie als Antwort auf diese Bitte erhob die ehrwürdige Weise Maus, die auf der gegenüberliegenden Seite des Tisches saß, ihre schmale Pfote und bat um Aufmerksamkeit. Augenblicklich wurde es still im Saal, denn die Weise Maus genoß viel Respekt über alle Fraktionen hinweg.

Mit einem müden Piepsen begann die Weise Maus: „Ich nehme das Schattenreich, von dem wir gehört haben, sehr ernst, und es sollte nicht ignoriert werden. Draußen im Land herrscht Zynismus, ein Gefühl, daß die Regierung oft verschwenderisch und korrupt ist. Deshalb fühlt sich die Durchschnittsmaus auf der Straße im Recht, wenn sie bei den Steuern betrügt."

Kein Geräusch war im Raum zu hören. Die Ratsmäuse ließen den Kopf hängen – sie waren unglücklich über das Gehörte, konnten es aber nicht widerlegen.

Die Weise Maus, deren gebeugte Gestalt sich gegen das Fenster abhob, legte eine Atempause ein und kam dann zum Schluß:

„Ich habe eine Warnung an Sie, meine lieben Freunde: Die Untergrundwirtschaft verstärkt den weitverbreiteten Argwohn, daß das ganze Leben Diebstahl und Beutelschneiderei ist. Eine solche Haltung führt unausweichlich in eine entfremdete Gesellschaft."

Die Zuhörer waren deutlich beeindruckt vom Scharfsinn dieser Beobachtung, aber auch unzufrieden. Was konnte man tun, um die Situation zu verbessern?

Die Präsidentenmaus, immer vornweg, bat um Vorschläge. Ohne einen Augenblick zu zögern, sprang eine stattliche, bebrillte Bürgermaus an den Pult. „Mausenhausener", lärmte sie. „Wir bezahlen die langfristigen Kosten hoher Steuern. Die Antwort ist schlicht und einfach: Senkt die Steuern, und die Untergrundwirtschaft verschwindet!"

Der Leser wird inzwischen erkannt haben, daß der letzte Sprecher zur Gattung der Poujadistenmäuse gehörte. Es überrascht nicht, daß sein Vorschlag eine überwältigende Wirkung hatte. Die Ratsmäuse stürzten nach vorn, hoben die Poujadistenmaus auf die Schultern und marschierten aus dem Saal, wobei sie skandierten: „Steuerkatzentöter, Mausheitsretter!"

Nur die Präsidentenmaus und ihr Spezi, eine Professormaus, gelernter Historiker, blieben im Saal zurück. „Kopf hoch", piepste der Erzieher und knöpfte seine Weste zu. Weißt du, an dieser ganzen heimlichen Untergrundaktivität gibt es eine gute Seite." „Eine gute Seite?" fragte die Präsidentenmaus.

„Ja, sicher", antwortete die Professormaus und fügte dann hinzu: „Jahrelang haben wir uns über die Große-Bruder-Maus Sorgen gemacht, die alles sieht, alles weiß, alles erfaßt. Verdammt nochmal, ein ganzes Wirtschaftssystem floriert im Untergrund und macht der Großen-Bruder-Maus eine lange Nase. Das gibt einem irgendwie den Glauben wieder. Vielleicht kommt 1984 etwas später – sagen wir, gegen 1990."

Die Professormaus verließ hastig den Saal und piepste im Gehen über die Schulter: „Muß mich jetzt beeilen, für eine Hawaiimaus ein Gutachten erstellen." Die Präsidentenmaus winkte zum Abschied und rief: „Und deine Bezahlung – bekommst du den Käse offen oder unter

dem Tisch?" Die Antwort schwebte zurück: „Aloha ...
Aloha ..."

Der Zauberer, der zu stark vereinfachte

Eine Fabel

von
Harold Peterson

Es war einmal ein Königreich, in dem gab es eine Schule
für die Erziehung der heranwachsenden Prinzen. Weil
der König und sein Hofstaat viel Zeit mit Schachspielen
verbrachten – Schach wurde sogar das Spiel der Könige
genannt –, beschloß man, den Lehrplan dieser Schule um
das Fach „Brettspiele" zu ergänzen. Für die Ausarbeitung des Kurses wurde ein Zauberer in Dienst genommen.

Weil er selbst noch nie Schach gespielt hatte, war der
Zauberer ein bißchen unsicher, was er in diesem Kurs
lehren sollte. (Nur *ein bißchen* unsicher, weil seine Unkenntnis des Schachspiels durch sein gesundes Selbstver-
trauen aufgewogen wurde.) Er fragte einen Kollegen in
einem anderen Königreich um Rat und erhielt von ihm
folgende Nachricht:

„Vor allen Dingen sollte ein Kurs über Brettspiele
streng durchdacht und intellektuell anspruchsvoll sein.
Wir Zauberer sind schon vor langer Zeit zu dem Schluß
gekommen, daß Schach, so wie es tatsächlich gespielt
wird, so kompliziert ist, daß man unmöglich einen Satz
von Prinzipien und Entscheidungsregeln formulieren

kann; ohne Prinzipien und Entscheidungsregeln läßt sich aber kein Fachgebiet streng analysieren. Wir haben deshalb einige vereinfachende Annahmen eingeführt. Beispielsweise bewegen sich die Figuren beim Schach in verwirrender Weise – einige vorwärts, andere diagonal und wieder andere sogar im rechten Winkel; wir haben mit diesem Durcheinander durch die Annahme aufgeräumt, daß alle Figuren nach der gleichen Regel ziehen. Aufgrund solcher Annahmen konnten wir, wenn auch unter großen Schwierigkeiten, ein Modell, einen Satz von Prinzipien, und Entscheidungsregeln entwickeln, die lehrbar und intellektuell anspruchsvoll sind. Eine 700seitige Abhandlung, in der die Prinzipien und Entscheidungsregeln beschrieben sind, liegt bei."

Der Zauberer war von der 700seitigen Abhandlung sehr beeindruckt und legte sie seinem Kurs zugrunde. Er stellte fest, daß das Modell lehrbar war und daß die Aufgabe, es zu lernen und mit Hilfe der Entscheidungsregeln Probleme zu lösen, in der Tat streng durchdacht und intellektuell anspruchsvoll war, was durch die Tatsache bewiesen wurde, daß gute Studenten bei ihren Examina gut abschnitten, während schlechte Studenten durchfielen.

Der Zauberer unterhielt eine lebhafte Korrespondenz über das Modell und seine Entscheidungsregeln mit Zauberern in anderen Königreichen. In dieser Korrespondenz wurde das Spiel als „Schach" bezeichnet, allerdings nur der bequemeren Verständigung halber; man ging natürlich davon aus, daß jeder wisse, daß dieses Spiel ein wenig von dem Schach abwich, das in der Realität gespielt wurde. Eines schönen Tages kam einiges von dieser Korrespondenz dem König vor Augen. Obwohl er die Formeln und den Jargon nicht verstand, bemerkte er doch, daß das Wort „Schach" erwähnt wurde, und so befahl er dem Zauberer, vor ihm zu erscheinen.

Bei dieser Audienz fragte der Zauberer: „Womit kann ich Dir dienen, o König?"

Und der König antwortete: „Wie ich höre, lehrst du die Prinzen das Schachspiel. Ich möchte mich selbst im Spiel verbessern. Kannst Du mir helfen?"

„Was wir Schach nennen, ist vielleicht nicht genau das gleiche wie Euer Spiel, Majestät. Bevor ich also Eure Frage beantworten kann, muß ich das Problem analysieren. Bitte beschreibt Schach, so wie Ihr es spielt."

Der König erklärte also dem Zauberer das Schachspiel. Dabei bemerkte der Zauberer, daß es den gleichen Aufbau, die gleiche Zahl von Figuren und offensichtlich das gleich Ziel hatte wie das Spiel, das er in der Schule lehrte. Es schien deshalb klar, daß die Lösung einfach darin bestand, die Entscheidungsregeln auf dieses Spiel anzuwenden, aber das enthüllte er natürlich nicht gleich dem König, denn er wollte seinen Nimbus als Zauberer wahren. Stattdessen sagte er gedankenschwer: „Ich will das Problem studieren und in neunzig Tagen wieder kommen.

Zur festgesetzten Zeit erschien der Zauberer wieder; er trug ein Samtkissen, auf dem in einem Plexiglasumschlag ein spiralgeheftetes Gutachten lag. Es war eine Paraphrase des 700seitigen Manuskripts. „Befolgt die Regeln aus diesem Gutachten, Majestät, und Ihr werdet der beste Schachspieler der Welt" sagte er.

Der König studierte das Gutachten begierig, stieß aber bald auf Schwierigkeiten. Er ließ den Zauberer wieder zu sich rufen. „Ich sehe, daß es um Könige, Figuren und Felder geht, und das sind vertraute Begriffe für mich;

aber was ist denn mit ‚Überspringen‘, ‚Doppelüber-
springen‘, ‚Gegenmacht‘ und ‚Suboptimierung‘ gemeint;
und wo erwähnst du Königinnen, Türme, Läufer und
Bauern?"

„Aber Majestät, wie ich in der Einleitung klar erläu-
tert habe, war es nötig, das Umfeld ein wenig zu vereinfachen. Ich bezweifle jedoch, daß diese Vereinfachungen
den praktischen Nutzen meiner Ausführungen min-
dern."

„Hast du zufällig einigen Schachspielern zugesehen,
um das herauszufinden?" fragte der König.

„O nein, gnädiger König, aber ich unterhalte eine
ausgedehnte Korrespondenz mit anderen Zauberern.
Das ist besser als die Beobachtung der tatsächlichen
Spielpraxis, denn es ist allgemein anerkannt, daß Zauberer schlauer als Schachspieler sind."

„Und Deine Prinzen? Erhalten Sie durch das, was sie
in deinem Kurs lernen, das nötige Rüstzeug, um richtiges
Schach spielen zu können?"

„Halten zu Gnaden, Herr, aber wir Zauberer glauben
nicht, daß das eine passende Frage ist. Der Zweck
unseres Kurses ist es, Prinzen das Denken zu lehren, und
nicht, sie auf einen bloßen Beruf vorzubereiten."

Jetzt verlor der König die Geduld, aber weil er ein
gütiger König war, schickte er den Zauberer zurück in
sein Klassenzimmer und nicht in den Kerker.

Moral für Wirtschaftsprofessoren: Ein Damespiel-
Diplom bereitet nicht für ein Schach-Leben vor.

Moral für Unternehmensforscher: Das Ei in der Hand
ist nicht unbedingt besser als die Taube auf dem Dach:
zu oft wird über Windeier gegackert.

Moral für Geschäftsleute: Ein Berater, der nicht ihr
Spiel, sondern sein eigenes spielen will, taugt nichts.

Weiterführende Literatur zu Kapitel IX

BECKMANN, M. J., Bekenntnisse eines Neoklassikers, in E. Helmstädter (Hrsg.), *Economix,* Münster 1976, 11–12.

BONUS, H., Verzauberte Dörfer, oder: Solidarität, Ungleichheit und Zwang, in: *Ordo,* 29 (1978), 49–82.

CHEUNG, S. N. S., The Fable of the Bees: An Economic Investigation, *The Journal of Law and Economics,* 16 (1973), 11–33.

FISCHEL, W. A., Aesop's Paradox: The Classical Critique of Democratic Decision Processes, *Journal of Political Economy,* 80 (1972), 208–212.

GORDON, S., The Economics of the Afterlife, *Journal of Political Economy,* 88 (1980), 213–214.

N. N. KENNETH E. BOULDING, RICHARD MUSGRAVE, and DANIEL SUITS, *Ileolanthe.* An Almost Entirely Unoriginal Comic Opera in One Act, unveröffentlichtes Manuskript, Ann Arbor 1953; *hier* auszugsweise S. 120f.

PHELPS, E., The Golden Rule of Accumulation: A Fable for Growthmen, *American Economic Review,* 51 (1961), 638–643.

SIEBERT, H., Die Mäuse und das MaMiPu, *Wirtschaftswoche,* 20. 8. 1979, 45–46.

STREISSLER, E., Einen Damm gegen die Inflation?, *Die Presse* (Wien), 5. 1.1971; *hier* unter dem Titel ‚Die Pepita' S. 106 ff.

DERS., Fiskalismus kontra Monetarismus, *Quartalshefte der Girozentrale* (Wien), 12. 4. 1977, 11–12.

ZECKHAUSER, R. J., A Tale of Probable Regions: A Statistical Fable, *Journal of Political Economy,* 79 (1971), 376–380.

Literaturverzeichnis

ALLEN, J. Anti-Sealing as an Industry, *Journal of Political Economy*, Vol. 87 (1979), 423–428.

ANONYMOUS, A New Algorithm for Optimization, *Mathematical Programming*, 3 (1972), 124–128.

BAUDELAIRE, C., De l'Essence du rire, in: *Curiosités Esthétiques*, Paris 1884.

BECKMANN, M.J., Über den lust-vermehrenden technischen Fortschritt, in E. Helmstädter (Hrsg.), *Economix*, Münster 1976; Neubearbeitung *hier* S. 157–165.

DERS., Bekenntnisse eines Neoklassikers. in E. Helmstädter (Hrsg.), *Economix*, Münster 1976 11–12; *hier* S. 185–187.

BEILOCK, R.P., *Beasts, Ballads and Bouldingisms*. A Collection of Writings by Kenneth E. Boulding, New Brunswick 1980.

BENNET, J.D. und BARTH, J.R., Astronomics: A New Approach to Economics, *Journal of Political Economy*, 81 (1973), 1473–1475.

BERGSTROM, T.C., Toward a Deeper Economics of Sleeping, *Journal of Political Economy*, 84 (1976), 411–412; dt. *hier* S. 148–151.

BLINDER, A.S., The Economics of Brushing Teeth, *Journal of Political Economy*, 82 (1974), 887–889; dt. *hier* S. 130–139.

BLOCH, A., *Murphy's Law and Other Reasons why Things Go Wrong*, Los Angeles 1977.

DERS., *Murphy's Law. Book Two. More Reasons why Things Go Wrong*, Los Angeles 1980.

BÖRNER, S. et al. (Hrsg.), *Basiliskonomics*, Basel 1982.

BONUS, H., Verzauberte Dörfer, oder: Solidarität, Ungleichheit und Zwang, in: *Ordo*, 29 (1978), 49–82.

DERS., Hoffart und Niedergang der Wurzelmänner, *Stuttgarter Zeitung*, 24. Dezember 1981.

BORCHARDT, K., Regeln für den Erfolg von Diskussionsrednern, in E. Helmstädter (Hrsg.), *Economix*, Münster 1976, 5–9, *hier* S. 40–47.

BOULDING, K. E., *siehe* N. N.

BROWN, S. L. u. a. *The Incredible Bread Machine*, San Diego 1974.

CHEUNG, S. N. S., The Fable of the Bees: An Economic Investigation, *The Journal of Law and Economics*, 16 (1973), 11–33.

COVICK, O. E., The Quantity Theory of Drink – A Restatement, *Australian Economic Papers*, 13 (1974), 171–177.

EL HODIRI, M. A., The Economics of Sleeping, *Manifold Publications*, 17 (1975), 13; dt. *hier* S. 145–147.

FISCHEL, W. A., Aesop's Paradox: The Classical Critique of Democratic Decision Processes, *Journal of Political Economy*, 80 (1972), 208–212.

FREUD, S., *Der Witz und seine Beziehung zum Unbewußten*, Gesammelte Werke, 6. Band, London 1940.

GORDON, S., The Economics of the Afterlife, *Journal of Political Economy*, 88 (1980), 213–214.

GRANDMONT, J. M. et al., A New Approach to the Uniqueness of Equilibrium, *Review of Economic Studies*, 41 (1974), 289–291.

HADLEY, LAWRENCE H., *A Story of Economic Thought*, ohne Quellenangabe.

HANSEN, W. L. und WEISBROD, B., Toward a General Theory of Awards or, Do Economists need a Hall of Fame?, *Journal of Political Economy*, 80 (1972), 422–431.

HAWAII JOINT COUNCIL OF ECONOMIC EDUCATION, *Superheroes of Macroeconomics*, Chicago 1975.

HAWKINS, R. G., RITTER, L. S., WALTER, I., What Economists Think of Their Journals, *Journal of Political Economy*, 81 (1973), 1017–1032.

HELMSTÄDTER, E. (Hrsg.), *Economix*, Münster 1976.

DERS. (Hrsg.), *Nebenprodukte*. Eine Festgabe für Wilhelm Krelle [zum 55.], Bonn/Münster 1971.

HERBERT, A. P., *Rechtsfälle – Linksfälle*. Juristische Phantasien, Göttingen 1969.

HERRMANN, TH. W. (Hrsg.), *Dichotomie und Duplizität*. Grundfragen psychologischer Erkenntnis. Ernst August Dölle zum Gedächtnis, Bern/Stuttgart/Wien 1974.

HIRSCH, PH. (Hrsg.), *The Infernal Revenue Service*, New York 1972.

HOFFMAN, E.P., The Deeper Economics of Sleeping: Important Clues Toward the Discovery of Activity X, *Journal of Political Economy*, 85 (1977), 647–649; dt. *hier* S. 152–156.

HUFF, D., *How to Lie with Statistics*, 31st. ed., New York 1954.

HUYGEN, W., *Das große Buch der Heinzelmännchen*. Die ganze Wahrheit über Herkunft, Leben und Wirken des Zwergenvolkes, Oldenburg o.J.

H.W., *Aus dem Tagebuch eines wirtschaftswissenschaftlichen Doktoranden*, Betriebswirtschaftliche Forschung und Praxis, 18 (1966), 51–52; *hier* S. 55–59.

INSTITUT FÜR WESENTLICHES (Hrsg.), *Symposionales vom I. Symposium des Wesentlichen*, Kern-Forschungsberichte, Band 1, Berlin 1979; Auszug *hier* S. 60–65.

IRLE, M., Ernst August Dölle, ein wirklich deutscher Psychologe, *Psychologie Heute*, 2. Jg. Heft 2, 1975.

JACKSTADT, S. und HAMADA, Y., *The Adventures of Primero Rimero*, Chicago 1971.

JEVONS, M., *Murder at the Margin*, Glen Ridge 1978.

JÖHR, W.A., *Gespräche über Wissenschaftstheorie*, Tübingen 1973.

DERS., Märchenwelt und Ökonomie, in: S. BORNER et al. (Hrsg.), *Basiliskonomics*, Basel 1982.

KAFOGLIS, M.L., Marriage Customs and Opportunity Costs, *Journal of Political Economy*, 78 (1970), 421–423; dt. *hier* S. 171–176.

KARNI, E. und SHAPIRO, B.K., Tales of Horror from Ivory Towers, *Journal of Political Economy*, 88 (1980), 210–212.

KIREIN, P., *Der Wolpertinger lebt*, München 1968.

KRAKOWSKY, P., Inflation, Unemployment and Presidential Tenure, *Journal of Political Economy*, 83 (1975), 867–872.

LEHNER, H., MERAN, G. und MÜLLER, J., *De Statu Corruptionis*. Entscheidungslogische Einübungen in die Höhere Amoralität, Konstanz-Litzelstetten 1980.

LEIJONHUFVUD, A., Life Among the Econ, *Western Economic Journal*, 9 (1973), 327–337; dt. *hier* S. 86–105.

LENK, H., Kritik der kleinen Vernunft. Einführung in die jokologische Philosophie, Frankfurt 1987.

LEPSIUS, M.R., Dichotomie und Duplizität, *Zeitschrift für Sozialpsychologie*, 6 (1975), 179–183.

LIEBERTZ, J., Ausgewählte Methoden der wissenschaftlichen Dialogologie, *Physikalische Blätter*, 21 (1965), 70–76.

MCAFEE, R.P., American Economic Growth and the Voyage of Columbus, *American Economic Review*, 73 (1983), 735–740.

MCCARTHY, E.J. und KILPATRICK, J.J., *A Political Bestiary*, New York 1978.

MCGHEE, P.E. und J.H. GOLDSTEIN, *Handbook of Humor Research*, 2 Bände, Heidelberg 1873.

MCHUMEC, B., Intervening Jokes and Competing Migrants, *Journal of Regional Science*, 2 (1960), 1–19.

MCKENZIE, R.B., The Economics of Reducing Faculty Teaching Loads, *Journal of Political Economy*, 80 (1972), 617–619.

MENDOZA, E. (Hrsg.), *A Random Walk in Science*, The Institute of Physics, London und Bristol 1973.

MISHAN, E.J., Pangloss on Pollution, *Swedish Journal of Economics*, 73 (1971), 113–120.

MÜLLER-FREIENFELS, R., Soziologie des Lachens und des Lächelns, in: *Gegenwartsprobleme der Soziologie*, Potsdam 1949, 157–170.

MUSGRAVE, R., *siehe* N. N.

NEEDHAM, D., Kommentar zu dem Artikel „The Economics of Reducing Faculty Teaching Loads", *Journal of Political Economy*, 83 (1975), 219–223.

NEHER, PH.A., The Pure Theory of the Muggery, *American Economic Review*, 68 (1978), 437–445.

N. N. [KENNETH E. BOULDING, RICHARD MUSGRAVE, and DANIEL SUITS], *Ileolanthe*. An Almost Entirely Unoriginal Comic Opera in One Act, unveröffentlichtes Manuskript, Ann Arbor 1953; Auszug *hier* S. 120–121.

N. N., Wie man Wähler gewinnt... Das Wirtschaftsprogramm der „österreichischen Trittelpartei", *Finanznachrichten* 16, 17. April 1964; *hier* S. 190–196.

N. N., Mouseville's Subterranean Cheese Flow, *The Morgan Guaranty Survey,* January 1979, 7–10; *hier* S. 224–231.

NORTH, G., A Note on the Opportunity Costs of Marriage, *Journal of Political Economy*, 76 (1968), 321–323; dt. *hier* S. 166–170.

PARKINSON, C.N., *Parkinsons Gesetz*, Stuttgart 1958.

PAULOS, J.A., *Mathematics and Humor*, Chicago 1980.

PÉTARD, H., A Contribution to the Mathematical Theory of Big Game Hunting, in E. Mendoza (Hrsg.), *A Random Walk in Science*, The Institute of Physics, London and Bristol 1973, 25–29.

Peter, L.J. und Hull, R., *The Peter Principle*, New York 1969; dt.: *Das Peter Prinzip*, Düsseldorf 1970.

Phepls, E., The Golden Rule of Accumulation: A Fable for Growthmen, *American Economic Review*, 51 (1961), 638–643.

Raff, G., Herr, schmeiß Hirn ra! Die schwäbischen Geschichten des Gerhard Raff, Stuttgart, 9. Aufl., 1987.

Retlaw, R., Die Frau in der Betriebswirtschaftslehre unter besonderer Berücksichtigung ihrer Beziehung zu den verschiedenen Bilanztheorien, *Betriebswirtschaftliche Forschung und Praxis*, 17 (1965), 176–178.

Russel, J., *Murphy's Law*, Milbrae 1978.

Schlichtung, G., Ist die Ehe rentabel, *Betriebswirtschaftliche Forschung und Praxis*, 16 (1964), 650–651.

Schmidt, H.D., *Auf dem Wege zu einer sozialen Psychophysiologie des akuten Vampirismus*, Bielefelder Arbeiten zur Sozialpsychologie, Bielefeld 1976.

Schmitz, Karlchen, *Meine Adenauer-Memoiren*, Schulaufsätze zur Gegenwartskunde, Köln o.J.

Ders., *Mein Briefwechsel mit Konrad Adenauer*. Fragen zur Lage, Köln o.J.

Schmölders, G., Das Steuertrauma, in: *Die heitere Maske im ernsten Spiel*. Eine Freundesgabe für Volkmar Muthesius zum 19. 3. 1960 (60. Geb.), Frankfurt/M. 1960.

Schwachverständigenrat zur Begutachtung der gesamtwirtschaftlichen Verwicklungen, Im Smog des Ruhms, Sondergutachten I/1985, Eigenverlag Wiesbaden 1985; auszugsweise *hier* S. 66–71.

Schwarz, V. (Hrsg.) et al., *Beiträge zur modernen humoristischen Ökonomik*, Festschrift zum 40. Geburtstag von Peter Eichhorn, Baden-Baden 1979.

Scitovsky, T., *The Joyless Economy*, New York 1976.

Siebert, H., Die Mäuse und das MaMiPu, *Wirtschaftswoche*, 20. 8. 1979, 45–46.

Ders., Besprechung von „Nationalökonom*olog*ie", hrsg. von O. V. Trebeis, *Zeitschrift für Wirtschafts- und Sozialwissenschaften*, 100 (1980), 450–452.

Siegfried, J. J., A First Lesson in Econometrics. *Journal of Political Economy*; 78 (1970), 1378–1379; dt. *hier* S. 206–208.

Smith, M., Whither Our Ology? *Journal of Political Economy*, 78 (1970, 616; *hier* S. 26.

Sölter, A., (Hrsg.), *Konkurrenten, Kartellisten, Kontrolleure*, Bergisch-Gladbach 1971.

Ders., *Der Verbandsmanager*, 2. Aufl., Köln 1977.

Ders., *Kartelliaden*. 20 Jahre deutsches Wettbewerbsgesetz. Rück-, Durch- und Ausblick, München 1977.

Ders., *Das Pferd, das den Karren zieht*, Bergisch-Gladbach 1978.

Ders., *Ökonokomik*. Die Lehre von den heiteren Seiten der Wirtschaftswissenschaft, Bad Bentheim 1981.

Sternthal, B. und Craig, C.S., Humour in Advertising, *Journal of Marketing*, 37 (1973), 12–28.

Stettenheim, J., *Wippchens charmante Scharmützel*, erträumt von J. Stettenheim, in Erinnerung gebracht von S. Lenz und E. Schramm, Hamburg 1960.

Stigler, G.J., The Conference Handbook, *Journal of Political Economy*, 85 (1977), 441–443; dt. *hier* S. 48–51.

Streissler, E., Einen Damm gegen die Inflation?, *Die Presse*, Wien, 5. 1. 1971; *hier* unter dem Titel ‚Die Pepita'. S. 106–110.

Ders., Fiskalismus kontra Monetarismus", *Quartalshefte der Girozentrale* (Wien), 12. 4. 1977, 11–12.

Ders., Tischrede, in: *Soziale Probleme der modernen Industriegesellschaft*, Schriften des Vereins für Socialpolitik, N.F. Bd. 92, II, Berlin 1977, 989–994.

Stümpke, H.: *Bau und Leben der Rhinogradentia*, Stuttgart 1975.

Stützel. W., Das Märchen von der Strukturpolitik, in: *Die Zeit*, 2. Dezember 1977; *hier* S. 218–220.

Suits, D., *siehe* N. N.

Toner, W.J., Guerilla Planning: How to Stop Growth in Ten Days, in: Finkler, E. und Petersen, D.L. (Hrsg.), *Nongrowth Planning Strategies*, New York 1974.

Tucholsky, K., Kurzer Abriß der Nationalökonomie, in: K. Tucholsky, *Panter, Tiger & Co.*, Hamburg 1956; *hier* S. 27–30.

Umbach, D.C. et al., Das wahre Verfassungsrechtsrecht. Zwischen Lust und Leistung, Baden-Baden 1984.

Wegbauer, W., Sachverhalte und Wertverhalte, in Th.W. Herrmann (Hrsg.), *Dichotomie und Duplizität*. Grundfragen psychologischer Erkenntnis. Ernst August Dölle zum Gedächtnis, Bern u.a. 1974, 124–129.

Weinstein, R., Human Migration: A Survey of Preclassical Literature, *Journal of Political Economy*, 82 (1974), 433–436.

ZECKHAUSER, R.J., Tale of Probable Regions: A Statistical Fable, *Journal of Political Economy*, 79 (1971), 376–380.

ZIJDERVELD, A.C., Jokes and their Relation to Social Reality, *Social Research*, 35 (1968), 286–311.

Quellenverzeichnis

1. MANUEL, SMITH, Whither Our Ology, entnommen aus: *Journal of Political Economy*, 78, 1974, S. 616 – © The University of Chicago Press.
2. KURT TUCHOLSKY, Kurzer Abriß der Nationalökonomie, entnommen aus: K. Tucholsky, *Gesammelte Werke Band I*, Hamburg, 1960, 839 – © Rowohlt Verlag GmbH.
3. KARL VALENTIN, Die Geldentwertung, entnommen aus: *Alles von Karl Valentin*, München, 1978, 85–86 – © R. Piper Verlag.
4. EDGAR R. FIEDLER, Wie man nichtssagend bleibt, aber trotzdem eine Autorität, entnommen aus: *Across the Board*, 14, 1977, 62–63 – © The Conference Board.
5. GEORGE J. STIGLER, Konferenz-Glossar, entnommen aus: *Journal of Political Economy*, 85, 1977, 441–443 – © The University of Chicago Press.
6. KNUT BORCHARDT, Regeln für den Erfolg von Diskussionsrednern, entnommen aus: E. Helmstädter (Hrsg.), *Economix*, Münster 1976, 5–9 – © Ernst Helmstädter.
7. C. D. GRAHAM JR, Ein Forschungsglossar, entnommen aus: *Metall Progress*, 71, 1957*.
8. W. H. Aus dem Tagebuch eines wirtschaftswissenschaflichen Doktoranden, *Betriebswirtschaftliche Forschung und Praxis*, Hrsg. von H. W. Haseneck, 18 (1966), 51–52 – © H. W. Haseneck.

---

   * Dieser Beitrag findet sich auch in dem Buch: E. MENDOZA (Hrsg.), *A. Random Walk in Science*, Verlag: The Institute of Physics, London and Bristol 1973: dt.: *Kabinett physikaliser Raritäten*, Braunschweig 1980 – © Vieweg Verlag

9. XXX, Das Wesentlichste über das Institut für Wesentliches, entnommen aus: Institut für Wesentliches, *Symposiales vom I. Symposium des Wesentlichen*, Kern-Forschungsberichte Band 1, Berlin 1979 – © Wilfrid Kschenka.

10. Schwachverständigenrat zur Begutachtung der gesamtwirtschaftlichen Verwicklungen, „Zur Internationalen Wettbewerbsfähigkeit der deutschen Ökonomie", in: *Schwachverständigenrat zur Begutachtung der gesamtwirtschaftlichen Verwicklungen, Im Smog des Ruhms, Sondergutachten I/1985* Wiesbaden Eigenverlag 1985.

11. Hans Günther Zempelin, Der alte Trapper aus: *Frankfurter Allgemeine Zeitung*, 14. Juli 1988 – Nacherzählung einer alten Geschichte © Haus Günther Zempelin.

12. Klaus F. Zimmermann, Zur Produktivität Ottobeurer Forschung, vorgetragen beim 15. Ottobeurer Seminar 1985, Erstveröffentlichung.

13. Axel Leijonhufvud, Die Kultur der Ökon, aus: *Western Economic Journal*, 9, 1973, 327–337 – © A. Leijonhufvud.

14. Erich Streissler, Die Pepita, erschienen als „Einen Damm gegen die Inflation?" in: *Die Presse*, unabhängige Zeitschr. f. Österreich, 5.1.1971 – © Erich Streissler.

15. Ortwin Bernad, Der letzte Keynesianer, entnommen aus: *Wirtschaftswissenschaftliches Studium*, Heft 2, 1980, S. 96 – © Ortwin Bernad.

16. Robert Vare, Milton und Rose, entnommen aus: *New York Times,* 17. Januar 1981, S. 23 – © New York Times.

17. Kenneth E. Boulding, If You're Anxious for to Shine, aus: N. N. Kenneth E. Boulding, Richard Musgrave, and Daniel Suits, *Ileolanthe*. An Almost Entirely Unoriginal Comic Opera in One Act, unveröffentlichtes Manuskript, Ann Arbor 1953 – © Kenneth E. Boulding et. al.

18. Alan S. Blinder, Die Ökonomie des Zähneputzens, entnommen aus: *Journal of Political Economy*, 82, 1974, 887–889 – © The University of Chicago Press.

19. Gregor von Rezzori, Zur Ökonomie der Korruption, entnommen aus: Gregor von Rezzori, *Maghrebinische Geschichten*, Hamburg, 1958 – © Rowohlt Verlag GmbH.

20. M. A. El Hodiri, Die Ökonomik des Schlafens, entnommen aus: *Manifold Publications*, 17, 1975, S. 13 – © M. A. El Hodiri.

21. T. C. BERGSTROM, Zur tieferen Ökonomik des Schlafens, entnommen aus: *Journal of Political Economy*, 84, 1976, 411–412 – © The University of Chicago Press.

22. EMILY P. HOFFMANN, Die tiefere Ökonomik des Schlafens, Wichtige Hinweise für die Entdeckung von Aktivität *X*, entnommen aus: *Journal of Political Economy*, 85, 1977, 647–649 – © The University of Chicago Press.

23. MARTIN J. BECKMANN. Über den lust-vermehrenden technischen Fortschritt, erstmals erschienen in: E. Helmstädter (Hrsg.), *Economix*, Münster 1976, 37–42; neu bearbeitet für diese Ausgabe – © Martin J. Beckmann.

24. GARY NORTH, Eine Anmerkung zu den Opportunitätskosten des Heiratens, entnommen aus: *Journal of Political Economy*, 76, 1968, 321–323 – © The University of Chicago Press.

25. MADELYN L. KAFOGLIS, Heiratsverhalten und Opportunitätskosten, entnommen aus: *Journal of Political Economy*, 78, 1970, 421–423 – © The University of Chicago Press.

26. OSWALD NEUBERGER, McKinsey-Bericht über den Besuch bei den Berliner Philharmonikern, entnommen aus: Ders., *Was ist denn da so komisch?* Thema: Der Witz in der Firma. *Psychologie heute* – Taschenbuch, Band 516, Weinheim und Basel 1988 – © Beltz Verlag.

27. LAWRENCE H. HADLEY, A Story of Economic Thought. Department of Economics and Finance, University of Dayton.

28. MARTIN J. BECKMANN, Die Bekenntnisse eines Neoklassikers, entnommen aus: E. Helmstädter (Hrsg.), *Economix*, Münster 1976, 11–12 – © Martin J. Beckmann.

29. N. N., Wie man Wähler gewinnt... Das Wirtschaftsprogramm der „österreichischen Trittelpartei", *Finanznachrichten* 16, 17. April 1964.

30. URSULA SOMMER, ‚Mensch ärgere Dich nicht' für Wirtschaftspolitiker, zuerst veröffentlicht in: *WiSt* 10 (1980), S. 501–503; Spielplan für diese Ausgabe überarbeitet.

31. JOHN J. SIEGFRIED, Eine erste Lektion in Ökonometrie, entnommen aus: *Journal of Political Economy*, 78. 1970, 1378–1379 – © The University of Chicago Press.

32. P. NEMO S.J., Programm zur Erzeugung nationalökonomischen Nachwuchses nach der Methode des Least Square, entnommen aus: *Nebenprodukte*, hrsg. von E. Helmstädter, Bonn und Münster 1971 – © Ernst Helmstädter.

33. MARK TWAIN, Über Extrapolation, entnommen aus: *Life on the Mississippi*, New York und London 1917, S. 156.
34. FRITZ MACHLUP, Proxies and Dummies, entnommen aus: *Journal of Political Economy*, 82, 1974, S. 892 – © The University of Chicago Press.
35. WOLFGANG STÜTZEL, Das Märchen von der Strukturpolitik. *Die Zeit*. 2. 12. 1977 – © Wolfgang Stützel.
36. BRUCE KNIGHT, The Ballad of „Right Price", entnommen aus: E. Helmstädter (Hrsg.), *Economix*, Münster 1976, 51–52 – © Ernst Helmstädter.
37. N. N., Der unterirdische Käsestrom von Mausenhausen, entnommen aus: *The Morgan Guaranty Survey*, 1979, 7–10– © The Morgan Guaranty Trust.
38. HAROLD PETERSON, The Wizzard Who Oversimplified: A Fable, entnommen aus *Quarterly Journal of Economics*, 79 (1965), 209–211–© John Wiley a. Sons, Inc., New York.